I0465449

Nombre del libro: SKILL BUILDERS

Autor: KRIS MIRANDA

Del texto, 2024.

Primera edición: Noviembre 2024

SKILL BUILDERS

ÍNDICE

Dedicatoria

A mis queridos alumnos. He de confesar que ustedes han sido mi inspiración. Estar a la altura y al frente de entrenamiento con personas quizás con mucho más talento y disciplina que yo fue el reto profesional más grande que cualquier meta de ventas.

Aprender de ustedes, con ustedes y para ustedes me llevó a encontrar nuevos maestros, nuevos autores, aprender nuevos idiomas, conocer diferentes países y situaciones que jamás hubiera imaginado conocer, siempre con la intención de poder ayudarlos en sus carreras profesionales. Verlos crecer, triunfar e irse con sus propias alas a lugares que ni ustedes podían imaginar es la más grande recompensa. Gracias por confiar en mí.

También está dedicado a todos los que me aman, a los que me odian y a los que me aman y me odian al mismo tiempo.

Los quiere, Kris

Gracias a mi familia. Que con su amor incondicional me dieron la fuerza para afrontar las adversidades de la vida, el valor para vencer mis propios miedos, la alegría para reírme y aprender de los fracasos y entender que, si ayudas a alguien, te ayudas a ti mismo.

Gracias Mamá y Papá, los amo.

Gracias a todos mis maestros. Que con empeño, paciencia y amor me enseñaron a ser un mejor profesional comprometido en desarrollar nuevos talentos. Sin los maestros el camino sería mucho más espinoso.

Gracias Beto por regalarme tus sonrisas y ser cómplice de la historia de mi vida, sin tu apoyo esto jamás hubiera sido posible.

Gracias a mi querido amigo Ricardo por enseñarme a no entregar basura, jamás rendirme y atreverme a hacer lo impensable.

Que lo amargo de la disciplina nunca te impida saborear el néctar del éxito.

Introducción

Amar con intensidad que otros cumplan sus sueños y verlos crecer, es la razón de ser de este libro. El amor que tengo por ver florecer el talento desde que es una semilla en tierra fértil, no tiene precio. Es muy gratificante al alma poder observar el desarrollo de un alumno cuando entran a una escuela, empresa o cursos en búsqueda de sueños para mejorar sus vidas personales y profesionales.

Cuando inicié mi carrera en ventas trabajé como capacitador, realmente no estaba comprometido con mi trabajo; era un empleo como cualquier otro, una transacción: dar información a los asistentes de un curso y listo.

Trabajaba para el sector financiero y, aunque ganaba bonos de acuerdo con el desempeño de mis vendedores, pensaba que mi trabajo sólo era capacitar y dejar que ellos aplicaran lo que les enseñaba en el aula, si no lo lograban, eran responsables de su resultado por no ejecutar lo que les impartí.

Entonces conocí a Tadeo, un señor de 56 años que no tenía trabajo desde hacía un año. La cantidad de deudas lo estaban literalmente matando. Lento al hablar y al caminar, sudaba excesivamente en las entrevistas de venta, no aprendía todas las características de los productos, en otras palabras, era la antítesis de lo que nos interesa en el perfil de fuerza de ventas.

Todos quisiéramos tener vendedores con alto vigor, energía, imagen impecable que refleje nuestra marca y que sea una fiera negociando. Aunque había muchos otros vendedores con el doble de talento, estoy seguro de que ninguno de ellos necesitaba tanta ayuda como Tadeo.

Una tarde se acercó para decirme que lo sacarían de la empresa por no cumplir el nivel mínimo de ventas y que, naturalmente, no seguiría recibiendo el ingreso de las renovaciones mensuales. Para ser honesto, me alegré un poco porque podría concentrarme en los vendedores que tenían más posibilidades de lograr el resultado (de hecho, sin mi ayuda) y ganar mi bono semestral.

Esa noche tuve una sesión con uno de mis coaches y amigo, Ricardo Dueñas. Conversamos sobre temas de oficina, de mis resultados del próximo mes y, por alguna razón, antes de finalizar la llamada, hablamos de Tadeo. Guardó silencio por unos minutos y me preguntó: "¿Realmente no te das cuenta de que eres todo lo que tiene? Eres la única persona que puede ayudarlo y no quieres hacerlo. ¿Por qué no quieres ayudarlo?".

Sus palabras retumbaron en lo más profundo de mi corazón y me sentí avergonzado. Recordé a personas que habían pasado frente a mí, que buscaban una oportunidad y no hice realmente nada para ayudarlos, sólo cumplí dando un curso de capacitación.

Me prometí que usaría todos mis conocimientos y habilidades para desarrollar profesionales que estuvieran dispuestos a aprender conmigo en la búsqueda del factor de éxito que tanto anhelan las empresas.

En ese momento empezó mi carrera como entrenador, estaba seguro de que podía formar vendedores exitosos desarrollando su potencial.

Me di a la tarea de observar a cientos de vendedores en campo, impartí miles de horas frente a grupos de venta, experimenté con ellos, medí sus avances y resultados, asistí a innumerables cursos de formación en ventas, estudié coaching, programación neurolingüística, leí y escuché literatura especializada en desarrollo de habilidades de todo el mundo en diferentes disciplinas.

Después de más de 10 años en el área comercial como entrenador, gerente de procesos comerciales y director de ventas, he creado un método para formar vendedores exitosos a través de Skill Builders.

Skill Builders es un método que puede aplicarse en habilidades de todo tipo. De hecho, las primeras implementaciones se ejecutaron en un curso denominado "Presentaciones Efectivas", que busca mejorar las habilidades para hablar en público. Al poco tiempo, se adaptó para la evaluación de "Formación de Instructores" y finalmente se ha adoptado en las ventas, áreas de cobranza, servicio, docencia, arte y deporte.

Espero de todo corazón que este libro ayude a todos los que entrenamos personas a desarrollar a los mejores profesionales del mundo.

Todos somos entrenadores

Lo primero que debemos aceptar es que todos los que lideramos un equipo que debe dar resultados somos entrenadores. Nadie puede ser mejor entrenador que la persona que encabeza el equipo. El líder debe tener claro lo que espera de cada uno de los miembros y el lugar a donde los quiere llevar en su vida profesional. Si visualizas "ser el equipo número uno", deberás reclutar y desarrollar a cada uno de los integrantes de forma única y excepcional. La riqueza del equipo está en las fortalezas que cada uno puede abonar en las debilidades del otro. Por lo tanto, aprender a identificar el talento y a desarrollarlo es crucial para tener un equipo de alto desempeño.

La única forma en que un entrenador puede lograr los resultados esperados es con el conocimiento pleno de los tres ejes para desarrollo de habilidades: el primero es tener un método de desarrollo, el segundo es implementarlos en personas aptas para ser desarrolladas y el tercero es contar con un proceso definido para el logro de los objetivos de venta.

Este libro responde a estos rubros a lo largo de tres capítulos. El primero se centra en el método de desarrollo de habilidades (Skill Builders), el segundo desglosará el método de reclutamiento y el tercero detallará cada fase en el proceso de venta, de tal forma que el entrenador pueda comprender las aristas de la formación de vendedores.

Capítulo 1

Desarrollo de Habilidades

¿Las personas nacen con talento o lo desarrollan?

Una respuesta cómoda es pensar que nacen con el "talento". Esto sucede porque pareciera que el "éxito" no debes ganártelo, es algo predeterminado, algo meritorio sólo por ser tú al heredar algunas características del linaje de los exitosos. Definitivamente es más sencillo pensar que alguien llegará a tu equipo y mágicamente resolverá la cuota de ventas del mes, que pensar en desarrollar al equipo.

Aceptar esto último implicaría trabajar para conseguirlo y luchar contra la primera falacia en las ventas, donde todo "es fácil", "keep it simple", "busca el cómo sí", "gana mucho dinero haciendo poco esfuerzo". Las ventas ni de cerca son para indisciplinados o quienes buscan dinero fácil.

Bajo la afirmación "se nace con talento", la experiencia enseña que nacer con algunas habilidades no te hará exitoso ni en las ventas ni en ningún terreno. Cualquier persona puede desarrollar habilidades siempre y cuando esté comprometida con su causa, independientemente del tiempo que se requiera para lograrlo. El talento nunca es suficiente.

La segunda falacia de las ventas es que "puedes convencer a alguien contra su voluntad". A nadie puedes forzarlo a tener interés en algo o alguien. Lamentablemente, en la historia de las ventas, por allá de los años 70s, se nos decía en los cursos de capacitación que debíamos convencer con argumentos al cliente de comprar.

El mercado nos ha enseñado que el consumidor busca resolver necesidades específicas e individuales que el asesor debe descubrir a través del proceso de venta. Un vendedor que nace con talento y no quiere entrenarse difícilmente tendrá el rendimiento esperado. La disposición es más importante que el talento.

Entonces, ¿qué es lo que distingue verdaderamente a los grandes vendedores que logran cumplir sus objetivos comerciales de los que no lo realizan?

El elemento más importante para lograr una carrera exitosa en cualquier profesión es tener el interés de aprender y la voluntad de querer lograrlo (en términos prácticos, exitoso se definirá como el asesor que rebasa las metas de venta todos los meses y obtiene las comisiones deseadas).

Difícilmente podemos pensar en hacer que alguien estudie canto y haga una carrera profesional en la música cuando simplemente no le interesa estudiar. Aun cuando tenga todas las cualidades y capacidades para aprender, si no le interesa, nunca alcanzará el triunfo porque no moverá ni un dedo para lograrlo.

Algunos de mis estudiantes parecía que poseían todas las características para ser vendedores excepcionales; sin embargo, al final del mes, con dificultad lograban llegar a la meta de ventas. Me confundía ver personas que encajaban en el estereotipo de un vendedor exitoso y, al ver sus resultados mensuales, era desconcertante el nulo avance de los objetivos.

Por otro lado, veía sujetos que rebasaban sus metas de venta, aparentemente no tenían "el perfil" de un vendedor exitoso. Entonces empecé a documentar lo que marcaba esa brecha tan grande y cómo poder replicar el tan buscado "factor de éxito". Si es algo que se podía aprender, definitivamente yo quería hacerlo y aplicarlo.

Como entrenadores, debemos aprender a distinguir a los diferentes tipos de "vendedores con suerte" y los asesores que realmente son exitosos. Los primeros son los que, con un par de ventas, alcanzan el objetivo del mes de forma inconsistente, incluso desconocida para el gerente de ventas.

Los asesores exitosos se dedican desde hace años a las ventas, viven de las ventas y están inmersos en ese maravilloso mundo de la comercialización. Tienen procesos desarrollados, hábitos y metodologías que les permiten repetir sus resultados una y otra vez.

Los "vendedores con suerte" existen en todas las industrias, y es un descalabro suponer que una llamarada de resultados define a un vendedor como campeón en la organización. Asumir que repetirá el resultado una y otra vez genera una expectativa equivocada porque el asesor "con suerte" que no logra otra venta rápidamente se desanima, baja su productividad y se va, porque pensó que vender era fácil.

Infinidad de veces he observado que cuando un novato arranca su carrera, su mercado cálido lo hace ganar una gran cantidad de dinero. Al cabo del tiempo, sus influencias dejan de comprar y hacen desaparecer su carrera.

Otro tipo de "vendedor con suerte" es patrocinado por el favoritismo del director de ventas, que le proporciona los prospectos de mayor conversión. Al rotar el líder, desaparece ese "milagro de las ventas"; finalmente encontramos al más peligroso de los "vendedores con suerte", el que tiene un éxito con base en prácticas fraudulentas.

Son incontables las empresas que vanaglorian e idolatran a vendedores que, al cabo del tiempo, son denunciados e incluso procesados judicialmente. Cuando la empresa audita y pone control de las prácticas venta, el "don de Midas" desaparece porque sólo podía ser exitoso haciendo trampa.

¿Puede la disciplina vencer al talento nato?

Existe una amplia literatura sobre los tipos de vendedores que existen, las cualidades para poder identificar a un gran vendedor exitoso desde el momento del reclutamiento, sobre los diferentes procesos de la venta, como prospección, técnicas de cierre, llamadas telefónicas, etc.

Sin embargo, son pocos los profesionales que detallan sobre el desarrollo de un asesor para que pueda lograr el máximo de sus resultados. Definitivamente, la pregunta más importante es: ¿realmente una persona común y corriente puede convertirse en un vendedor exitoso?

Desafortunadamente, para un director de ventas es más seductor pensar que atraer personas con talento es suficiente para crear una maquinaria de ventas y que, con algunas migajas de entrenamiento, el resultado será extraordinario.

A algunas empresas les gusta atraer candidatos vendiendo humo, afirmando lo "fácil" que es hacer una carrera de venta. Es como si comunicáramos que, con poco esfuerzo puedes obtener mucho dinero. En realidad, en ventas puedes lograr un gran capital con un par de negocios, pero para que sea sostenible en el tiempo, tu talento es sólo una parte minúscula. Necesitarás las cualidades que atesoran los grandes vendedores: voluntad, disciplina y un entrenador que te ayude a desarrollar tus habilidades.

Seguro has estado en un área de ventas en donde varios de nuestros colegas se muestran engreídos, orgullosos de sus capacidades y cuando les preguntas: "¿Qué tal van las llamadas de seguimiento?", evadirán la respuesta mencionando que traen casos por cerrar. También dirán que a ellos les gusta más cerrar negocios que estar buscando personas y que, si les traes a un cliente frente a ellos, lo cerrarán.

No importa el talento que tenga, ni el tipo de entrenamiento que impartas, si no tiene la voluntad ni disciplina para marcar, generar nuevos prospectos, en otras palabras, ser capaz de hacer lo que no le gusta (en ventas) de nada sirve todo el desbordante talento que presume, tarde o temprano otro vendedor hará lo que a él no le gusta hacer.

Hace algunos años, cuando empezaba a aprender sobre el desarrollo de talento, escuchaba algunos testimonios de deportistas olímpicos, entre los que se encontraba Soraya Jiménez. Hablaba sobre lo riguroso que era su estilo de vida, los horarios de alimentos, la restricción sobre las desveladas y el constante dolor al que eran sometidos los atletas día a día.

Era impensable entender cómo hacían para llevar esa vida con tanta disciplina cuando a muchas personas les cuesta trabajo levantarse temprano para ir al gimnasio o hacer una simple caminata.

Durante una de las conferencias, me animé a preguntarle a uno de los atletas: "¿cómo haces para que no te cueste trabajo despertar en la mañana e ir a entrenar?". Respondió: "Me cuesta mucho trabajo despertarme todas las mañanas, de hecho, lo odio, pero tengo claro que no siempre estaré motivado, y mi propósito por ser el mejor es más fuerte que seguir dormido, salir de fiesta o cualquier distractor personal. Quiero ser campeón olímpico, y eso es lo más importante. Así que me pregunto todo el tiempo: ¿realmente quieres ser el mejor o no?".

Posteriormente, habló de la perseverancia y cómo mantenerla: "Siempre va a ser más fácil renunciar, darse por vencido, evitar el dolor o el sufrimiento de hacer algo que te cuesta trabajo si no tienes claro el objetivo. Todas las mañanas me miro al espejo y menciono mi meta del día".

La disciplina es un concepto mental que muchos asocian a una falta de libertad y, por ello se resisten a adoptarla.

Trazan objetivos que requieren constancia, pero ellos mismos sabotean sus metas porque desean la flexibilidad de cambiar el plan o el objetivo en cualquier momento. De esta manera, buscan evadir la responsabilidad sobre algo que, en el fondo, realmente quieren alcanzar.

Para fortuna de los mejores profesionales del mundo, la realidad es que ellos hacen lo que el 99% de las personas no quieren hacer o no sienten el interés de hacerlo.

Cualquier persona puede aprender a vender si tiene el interés de aprender, la voluntad y la disciplina de hacer las cosas que no le gustan porque comprende que son necesarias para el camino al éxito en las ventas. La disciplina siempre vencerá al talento.

¿La misión antes de la comisión?

A veces encontramos algunos vendedores que definitivamente tienen una voluntad férrea, habilidades desarrolladas y un objetivo claro: ganar dinero. Muchos de ellos buscaban un trabajo fácil para hacerse ricos y, en realidad, no les importaba lo que vendían. Les daba lo mismo cubrir la necesidad del cliente, sólo querían su comisión.

No es mezquino pensar que alguien quiera volverse millonario vendiendo, pero sí es totalmente despreciable hacerse rico a costa de un engaño, el abuso o falta de compromiso con el cliente al ocultarle la verdad sobre su producto. Se requiere una fuerte dosis de integridad para lograr un éxito sostenible. De hecho, la confiabilidad es uno de los mayores argumentos de venta en el mundo.

No es extraño escuchar en distintas áreas dentro de una organización que a los vendedores nos tachen de mentirosos, vendedores de ilusiones o incluso estafadores y rufianes, ya que muchos tienen como referencia a verdaderos canallas que solo buscaban una comisión y terminaron dejándolo en problemas de la compañía.

Lo más increíble es que el mundo de las ventas está lleno de ellos, y muchas empresas cierran los ojos o incluso desarrollan toda una apología de los "vendedores exitosos", hasta que, con el tiempo, sus verdaderas prácticas sucias salen a la luz.

A lo largo de la historia de la humanidad, han existido innumerables casos de estafas, como las de Carlo Ponzi con su estafa piramidal (Hernán, 2020), Frank Abagnale Jr (Abagnale, 2000), Ferdinand Demara (Crichton, 2016) conocido como el "impostor", Jordán Belfort (Belfort, 2009) e incluso grandes promesas de Silicon Valley como Elizabeth Holmes (Carreyrou, 2018). ¡Sucede en todo el mundo en todos los sectores! Siempre existen los negocios sucios en donde un vendedor busca aprovecharse de un cliente para obtener dinero rápido.

Afortunadamente, tenemos nueva recluta que se incorpora a las empresas, a veces con poca o nula experiencia y con una integridad ejemplar, con total disposición al aprendizaje y una vehemente autopromesa de querer ser los mejores sin hacerlo a costa de engaños. Estas personas, con una alta voluntad a aprender son joyas que debemos pulir, cuidar y desarrollar.

La paciencia es la mayor virtud para desarrollar el talento. Sin embargo, la dicotomía de tener "vendedores al vapor" hace que las empresas pronto se desesperen y regresen al paradigma de contratar a "super dotados" de las ventas que seguirán inflando las estadísticas de la rotación y de las demandas por fraude.

Es imposible saber desde el proceso de contratación, quién hará trampa durante la comercialización y pondrá sus intereses por encima de los del cliente; en el capítulo de reclutamiento abordaremos algunas formas de identificar riesgos al contratar vendedores.

La organización debe establecer controles constantes de verificación de la venta con el fin de identificar al verdadero talento que juega limpio, desarrollar hábitos de supervisión, celebrar las buenas prácticas y erradicar por mucho que facture al "vendedor con suerte" que llenará de problemas la compañía y dañará la reputación del equipo de ventas.

¿Por qué quieres dedicarte a esto?... sea lo que sea

Vender sólo tendrá sentido si tiene un significado que puedas comunicar a tus clientes y te sientas orgulloso de hacerlo. ¡Esa es la misión!

No hay peor combinación que vendedores tímidos, temerosos y con vergüenza de decirle a sus amigos que se dedican a ventas. Otro de los grandes detractores de emprender la carrera de ventas es el producto que se elige. Si no crees en el producto que se vende, difícilmente te convertirás en el mejor, porque ni siquiera tú confías en lo que ofreces. El trabajo que haces debe hacerte sentir que aportas algo a tu consumidor.

Por ejemplo, algunos vendedores encausan su producto en algo mucho más trascendente. Los asesores de seguros en definitiva no venden planes de vida "por si te mueres", ellos asesoran a sus clientes para poder proteger lo que más aman, sus familias; un vendedor de instrumentos de cocina templados no vende "ollas", vende salud; un vendedor de tiempo compartido es capaz de traducir una habitación compartida en vacaciones en "momentos de descanso".

De esa forma podemos describir absolutamente todos los tipos de venta, sólo que necesitas entender el producto, la necesidad que resuelve y enamorarte de esa misión para comunicársela a todo el mundo.

Entrenar a vendedores

¿Hay alguna regla para determinar quiénes serán exitosos con entrenamiento en ventas? Sí, será exitoso quien acepte ser entrenado.

El asesor que quiere lograr un resultado genuinamente no hay que convencerlo de nada, ni motivarlo y mucho menos persuadirlo. Sólo quien está plenamente dispuesto a moldear su personalidad, a aprender nuevos hábitos y a dominar su voluntad podrá recibir el entrenamiento y llevarlo a la práctica hasta volverse experto.

La personalidad del vendedor a veces es el mayor obstáculo en la venta. La falta de disciplina o el exceso de confianza en el talento natural lleva al fracaso rotundo a lo largo del tiempo. La arrogancia por un par de ventas exitosas puede hacer perder el rumbo de la profesionalización de las ventas.

También, la falta de práctica, la improvisación o la incredulidad del proceso de ventas que ha sido probado resulta en un accidentado cierre de mes o en la baja definitiva de tu carrera como vendedor.

Infinidad de veces hemos escuchado testimonios de la vida de grandes pensadores, escritores, empresarios, deportistas y artistas que fueron rechazados de oportunidades para su profesión porque aparentemente no tenían el talento suficiente.

Sin embargo, al cabo del tiempo, se convirtieron en íconos referentes de la voluntad y la persistencia dejando una huella al mundo de que sus detractores estaban equivocados. En todos los casos, el número de horas dedicadas a entrenamiento fueron el factor determinante entre ser bueno y ser el mejor.

Es una realidad que, cuando entrenas a asesores de venta, sea cual sea la industria, algunos se irán durante el entrenamiento, y es totalmente normal. La principal razón por la que un asesor abandona la carrera de ventas es porque no ganó dinero rápido, es decir, no comisionó.

Hace algunos años, observaba el proceso de entrenamiento de una empresa en donde el ingreso fijo del vendedor rondaba en poco más que el salario mínimo.

En una ocasión, observé cuando un entrenador impartía una sesión de compensaciones. Me di cuenta de que, en los rostros de los vendedores, se veía asombro por el dinero que podían ganar y, al mismo tiempo, confusión de cómo calcular las citas que necesitaban para alcanzar sus metas.

Todo parecía que estaba perfectamente claro: estaban motivados y decididos a ganar los bonos del mes. Entonces decidí aplicar un examen únicamente con dos reactivos que aparentemente, nada tenían que ver con compensaciones.

Se trataba de un par de ejercicios relacionados con cajas de bombones. En el primer reactivo, debían calcular la cantidad de cajas necesarias para 56 bombones si en cada caja cabían 14 bombones.

La primera pregunta era: ¿Cuántas cajas se necesitaban? En el segundo reactivo, debían responder ¿Qué cantidad es el 13% de 1514? El resultado: 2 aprobados de 15 participantes.

El verdadero problema de no entender la forma de ganar dinero y traducirlo en objetivos de actividad de ventas era que no sabían obtener resultados a través de operaciones matemáticas simples.

No puedes delegar al área de capacitación una actividad que debería ser una cualidad mínima en el perfil de reclutamiento. Es una competencia de contratación, es decir, todos deberían contar con esos conocimientos básicos para pertenecer a la empresa.

Hasta en los negocios informales o ventas que se hacen en la calle, el comerciante debe ser capaz de hacer operaciones mentales sobre el precio, la cantidad a pagar e incluso combinar el costo de productos diferentes. Los conocimientos básicos numéricos deben ser requisitos de contratación.

Pareciera que se acepta que la fuerza de ventas es desechable, que cualquier persona puede ser vendedor y que el entrenamiento suplirá las carencias educativas básicas que tiene un candidato. Naturalmente, eso explica el nivel de deserción que hay en los primeros tres meses de ventas.

En la industria financiera, los candidatos deben acreditar un riguroso proceso de exámenes ante las instancias legales que norman el sector y puedan vender los productos financieros. No importa que no provengan de programas universitarios de economía o administración.

Absolutamente cualquier profesión puede aplicar para ser vendedor de servicios financieros, siempre y cuando acredite que tiene las bases de matemáticas financieras para otorgarles una licencia de venta. No es posible que comercialice los productos de la empresa, no importa el talento que tenga, sin excepción, no será vendedor de ese sector.

Aunque muchas empresas ofrecen comisiones muy altas por los estrictos controles de selección, también enfrentan abandono por el programa de entrenamiento. A los candidatos les parece muy difícil aprender tantos conceptos en poco tiempo.

No me refiero sólo a la parte técnica de los productos o de los procesos de la compañía (que también en algunas industrias hay muchos términos y especificaciones) sino que no dimensionan que la labor de un vendedor requiere mucho estudio constante, práctica y aprendizaje.

Los alumnos de las escuelas de idiomas son un caso idéntico a lo que sucede con los vendedores en su entrenamiento. En los primeros días del año se llenan las aulas de personas que quieren aprender una nueva lengua, a lo largo de las semanas hay abandono de un nivel a otro, hasta del 80%.

La razón de la deserción, además de "no tener tiempo para estudiar", es la "dificultad" de aprender y memorizar palabras, reglas y sonidos del nuevo lenguaje. Todo esto se resume en que no quieren hacerlo, no le dan prioridad y no tienen la capacidad de hacerlo. Responsabilizarán a los maestros, a la metodología o a alguien más por no aprender.

En las ventas sucede lo mismo. El asesor culpará a la empresa, al entrenamiento o a su líder por no lograr los resultados esperados. Sería más honesto reconocer que aceptó un trabajo con el que no estaba comprometido, que es flojo y que no tiene la capacidad de lograrlo.

También la empresa debe asumir que reclutó mal. Siempre que un vendedor abandona la carrera de ventas, la mitad de la responsabilidad es de la empresa y la mitad del asesor, en ambos casos, hay pérdidas de dinero y de tiempo.

Características para ser entrenado

Ser entrenable (Coachable)

No todo el mundo puede ser entrenado. A la mayoría de las personas les gusta obtener información a través de redes sociales, libros, podcasts con la convicción de que por sí mismos mejorarán. Prefieren usar medios de obtención de conocimiento de una sola vía de aprendizaje, donde nadie las presione por el resultado, les den feedback diariamente o les ayude a reorganizar sus creencias y hábitos.

En resumen, no son entrenables. Es honroso encontrar profesionales formados empíricamente sin un entrenamiento formal que los ayude, sin embargo, son casos muy aislados.

Mientras trabajaba en el sector asegurador encontré diferentes tipos de vendedores. Los primeros eran personas tenaces, radiantes en su imagen, llenos de cualidades, con infinidad de recursos técnicos para vender e incluso con innovadoras herramientas para comercializar.

Sin embargo, muchos de ellos estaban tan confiados en su talento que no les gustaba esforzarse. Querían que fuera fácil, pensaban que vender era algo sobrevalorado y, debido a que ellos eran excepcionales, podían ser exitosos en ventas o en cualquier otra área.

Gabriela era una abogada extraordinaria que incursionó en el terreno de las ventas. Sabía todos los términos legales de su producto, tenía tenacidad, elocuencia al hablar y estaba dotada de una personalidad feroz. Parecía que estaba lista para entrar en las grandes ligas; sin embargo, no estaba dispuesta a que alguien le ofreciera feedback. Pensaba que nadie estaba más capacitado que ella, desacreditaba a los entrenadores por tener una forma distinta de abordar al cliente y jamás aceptaba que podía equivocarse.

No estaba dispuesta a confrontarse con sus áreas de oportunidad, no le interesaba flexibilizar su personalidad. Incluso abandonó muchas ventas por creer que el cliente era estúpido por no elegirla a ella o hacer caso a sus recomendaciones.

Cuando entrevistamos a algunos de sus prospectos que compraron con otro vendedor, descubrimos que Gabriela quería venderles a sus prospectos sin tomarlos en cuenta. Ella creía que, con todo su conocimiento debía elegir por ellos lo que más les convenía.

Gabriela terminó su carrera en ventas sin saber siquiera la razón por la que sus clientes cancelaron y se cambiaron con otros asesores. Ella siguió engañándose a sí misma, diciendo que el producto de sus últimas tres empresas era basura y que el mercado no era el adecuado para ella.

Estar motivado

Evaluar el nivel de motivación requiere entender que las personas podemos estar motivadas por reconocimiento, dinero, metas cada vez más altas o incluso por pertenecer a alguien. Sería un error pensar que todos queremos lo mismo.

La motivación se gesta desde lo más profundo de nuestros sentimientos, como el amor, la vergüenza, el temor y el odio. En todos los casos, la motivación busca la aceptación de otros y la trascendencia. Si logramos entender la motivación del aprendiz (trainee) tendremos acceso a la fuerza más poderosa del ser humano: su voluntad.

Rosalinda era una viuda con tres hijos que no obtuvo herencia económica de su exmarido y, poco a poco, fue quedándose sin dinero, endeudándose día tras día con bancos y familiares.

Esperaba encontrar una oportunidad que le permitiera pagar sus deudas. Sin éxito en el mundo laboral y con nula experiencia, comenzó a vender productos de multinivel. Ninguno de sus conocidos confiaba en ella; es más, ni siquiera querían abrirle las puertas de su casa porque les debía dinero.

Al principio, ella se justificaba todo el tiempo de lo difícil que era vender. Pensaba que, si cumplía con su horario vendería como por arte de magia. Fue hasta que terminó sus últimos ahorros cuando se detonó la motivación real.

Estaba en la ruina, no tendría más dinero la próxima semana, sacaría a sus hijos de la escuela en un mes, y nadie, absolutamente nadie la ayudaría. Rosalinda, de la noche a la mañana, comenzó una carrera contra tiempo por obtener un poco de dinero para sobrevivir. Sólo contaba con un par de productos, hojas blancas y su voluntad.

Iniciaba a las 7:00 de la mañana y terminaba a las 23:00 de la noche. Por las mañanas, arrancaba su búsqueda activa de clientes casa por casa, hacía citas en empresas por las tardes y en redes sociales por las noches. Estaba motivada, decidida, sin opción mental al fracaso.

Estaba dispuesta a hacer el trabajo necesario. Semana tras semana logró llegar a la meta de ventas hasta convertirse en la mejor de su industria y en un testimonio de que sólo cuando la motivación es muy grande estamos dispuestos a transformar nuestros hábitos, nuestro pensamiento y nuestra personalidad. La motivación nunca proviene del exterior.

En su testimonio Rosalinda les decía a los asesores nuevos: "Nadie te va a motivar. Tú debes tener la fuerza que te permita levantarte todos los días para hacer incluso cosas que no te gustan, como pedir referidos o prospectar. No hay curso, libro o conferencia que te haga sentir la urgencia de vender".

Así que, encuentra en tu interior, en tu historia personal, en tus tristezas y alegrías el significado de tus sueños para que te hagan tener el valor de hacer hasta lo imposible por materializarlos.

Miedo al éxito

Tenemos que luchar ferozmente todos los días de nuestra vida con la creencia de que seguiremos siendo los mismos a lo largo del tiempo. Existe una historia en nuestra sociedad en donde el éxito cambia a las personas.

Esa historia es alimentada por el temor de nuestras familias a perdernos y nos piden qué, aun alcanzando nuestras metas, no cambiemos, permanezcamos siendo los mismos. ¿Realmente quién quiere cambiar?, ¿quién está dispuesto a transformarse?, ¿quién te acompañará en tu camino al éxito?, ¿tu entorno está dispuesto a amar y entender en quién te convertirás?

La felicidad que conocemos la disfrutamos desde los ojos y la vida que tenemos. Entonces, ¿me harán felices las cosas que antes lo hacían?, ¿dejaré de amar lo que antes amaba?, ¿romperé la promesa de "no cambiar" o cumpliré la promesa de alcanzar mis objetivos, aun cuando esto represente dejar atrás antiguos hábitos, intereses, pensamientos e incluso relaciones?

Es abrumador pensar que todo el sistema de creencias será sustituido por nuevos paradigmas y que, a lo largo del tiempo, veremos transformar nuestras vidas de tal forma que ni siquiera recordemos quiénes éramos.

El entorno mismo ama el éxito tanto como odia el camino para lograrlo. En la carrera de cualquier profesional, verás como centenares desisten de sus objetivos porque están cansados, hartos y enojados consigo mismos de no ser capaces de moldear su personalidad y aprender a voluntad.

Responsabilizarán a todos de sus fracasos y, entonces, empezarán una nueva misión: demostrar que es imposible alcanzar el éxito. Querrán transmitir a los nuevos vendedores sus miedos y frustraciones, hablarán de todas las dificultades y obstáculos que han sufrido hasta hacerlos desistir.

A veces, tristemente, nuestra propia familia y amigos son el primer detractor. ¡No los escuches! Escucha a los que lo han logrado, a los que te apoyan y aceptan. Huye de los que quieren contaminar tus sueños. Escapa de las situaciones que día a día te atrapan en un laberinto de creencias limitantes.

Todo lo que amas te impulsará con la misma fuerza que te alejará de tus objetivos. Por ello, debes elegir sabiamente a quién confiarás tu corazón y tus aspiraciones profesionales.

Nunca dudes de que lo lograrás y entiende que el éxito no es una circunstancia. También es una actitud, un sistema de creencias, un centenar de posibilidades y millones de aprendizajes y tropiezos.

El éxito está asegurado si estás dispuesto a alinear tu personalidad y mente a lo que quieres lograr. Más allá de pensar en que "mereces el éxito", debes sembrar en tu mente la idea de "trabajar por el éxito". Puedes lograr lo que quieras si entrenas y preparas tus pensamientos para ir superando tus metas.

Cuando tenemos que competir, requerimos una actitud ganadora, es decir, que estemos dispuestos a trabajar para ganar y aceptemos que hay una posibilidad real y lógica de lograrlo. Creer que será fácil es un error. Hay que trabajar siempre y no confiar en el talento, hay que ponerlo a prueba.

Pensar que es imposible es sumamente peligroso porque hay certeza de fracaso. Los pensamientos ni siquiera ven la posibilidad de lograrlo. El entrenamiento es lo que da proximidad al éxito. Cuando vas superando pequeños objetivos, abres la posibilidad de alcanzar cada meta un poco más alta cada vez que entrenas.

Los que piensan que es imposible, definitivamente están en lo correcto, y los que piensan que es posible con entrenamiento, también están en lo correcto. Todo está en la posibilidad que se ejercita en el entrenamiento.

A veces, el aprendiz (trainee), debido a sus inseguridades, aun cuando este mejorando en cada entrenamiento, no será capaz de reconocer los avances y visualizar su potencial. Para eso, el entrenador (trainer) deberá dar una retroalimentación objetiva sobre sus posibilidades en ese momento.

Las posibilidades crecen mientras más entrenas, así que no debe haber desánimo por no están listos para una competencia, un cliente complejo o una situación que aún no se ha entrenado. Ser paciente en el proceso de entrenamiento en vital para mejorar.

Durante una competencia necesitas estar seguro de que puedes ganar. La falta de confianza se traduce en desconfianza en el entrenamiento y, normalmente, es porque se requería más tiempo entrenando.

Cuando hay certeza de poder lograrlo, la competencia es totalmente diferente, existe la confianza de estar preparado independientemente del resultado. Lo más importante es que, si resultas ganador, no sólo sentirás la emoción de haber ganado, experimentarás la emoción de sentirte merecedor de todo lo que has trabajado.

El triunfo no representa llegar a la meta, es conmemorar el camino para lograrlo, es la nostalgia de todo lo que hiciste y dejaste de hacer para alcanzarlo.

Autoaprendizaje

Si no te gusta leer, ver videos, usar audiolibros, asistir a conferencias, entrevistarte con los mejores de tu industria y tener la decencia de tomar notas para aprender, sufrirás el rigor de aprender sobre la marcha.

Con todas las herramientas que mencioné, puedes acortar la curva de aprendizaje. Sin embargo, uno de los mayores problemas del vendedor es que confía sólo en su experiencia, entonces, pierde noción de que otros vendedores están más preparados que él y, lo más importante, que el consumidor cambia en todo momento.

Siempre debemos actualizarnos sobre lo que pasa en los mercados, en el mundo y en la industria a la que perteneces, los "hombres de negocios" son personas que van más allá de la venta de su producto, entienden cómo funciona el mundo comercial.

Durante una cena con el equipo directivo, se daba un reconocimiento por el logro de sus resultados a Roberto, el mejor vendedor. En el aperitivo, discutían sobre las mejoras que debíamos hacer en la empresa para facilitar la venta. En el primer tiempo, comenzaron a hablar sobre la expansión a otros mercados nacionales e internacionales, mezclado con un poco de política y economía.

Para el plato fuerte, conversaban sobre ciencia, viajes, libros y música. Uno de los participantes comenzó a narrar su experiencia en buceo y lo increíble que era el mundo marino.

Entonces, nuestro vendedor estrella preguntó: "¿Has visto alguna vez el huevo de una ballena?". Todos en la mesa reían pensando que se trataba de una broma. El asesor preguntó entre risas: "¿El cascarón es muy grande?".

Para el postre, y después de observar que todos se miraban unos a otros, entendiendo que no era una broma sino una pregunta totalmente ignorante. Roberto se mantuvo en silencio toda la velada.

Incontables veces he visto cómo se pierden ventas por falta de cultura general, del negocio o por ensimismarse tanto en la empresa o el producto que se pierde la óptica del comprador. Abre los ojos y prepárate: las ventas son para profesionales, no son un hobby ni mucho menos un trabajo de segunda. Vender es una carrera que exige mucha preparación.

Para tener acceso a mejores mercados, debes tener una mayor formación, y nadie te va a convencer de estar preparado; es tu responsabilidad tu aprendizaje. No educarse constantemente es empezar a morir.

¿Cómo desarrollar a vendedores?

Hoy en día, los departamentos de capacitación convulsionan. En algunas industrias, el área de entrenamiento nunca nació, y en otras, el entrenamiento comercial ha desaparecido (al menos el nombre).

Está de moda tratar de ser "revolucionario" y querer "modernizar" la educación con el argumento barato de que todo tiene que cambiar digitalizándose "porque sí", sin una lógica detrás que provenga de un análisis de lo que no está funcionando.

Es sumamente grave ver como algunas empresas buscan nuevos métodos de entrenamiento, aunque no tienen claro lo que realmente debe trabajarse a fondo en sus departamentos de capacitación y entrenamiento.

En el más reciente Congreso Internacional de Capacitación, me sorprendieron las problemáticas que presentaban los vicepresidentes de compañías internacionales respecto al problema de aprendizaje y credibilidad que tienen sus departamentos de capacitación.

Mencionaban algunos que sus vendedores no se presentaban a los entrenamientos de venta y que, por eso, querían darles algo "más entretenido" que pudieran llevar en sus dispositivos móviles y, de paso, hacer un ahorro de presupuesto.

Me parece que, para el proceso de capacitación, las herramientas tecnológicas pueden servir como un gran habilitador de gran escala. Sin embargo, en el tema de habilidades de venta, es totalmente debatible.

Las preguntas para entender la problemática que atraviesan muchas empresas en el mundo en temas de capacitación son: ¿por qué no les interesa asistir al entrenamiento?, ¿las sesiones son impartidas por un experto en desarrollo de habilidades?, ¿conoce distintos métodos de desarrollo de habilidades?, ¿cuántas horas de entrenamiento han tenido sus formadores y cuánta inversión se hace en ellos anualmente para que sean los mejores de la industria?, ¿qué se está enseñando en las capacitaciones que los vendedores no le ven valor?, ¿la empresa es capaz de distinguir la capacitación del entrenamiento?

Para ayudarte a responder estas preguntas, te compartiré algunos de los principales problemas que enfrentan los equipos de entrenamiento comercial:

El primer problema para desarrollar vendedores es que los entrenadores no están entrenados en desarrollo de habilidades; el segundo, es que las empresas no supervisan que lo que se impartió se lleve a la práctica, el tercer problema es creer que los resultados de un entrenamiento son express.

Finalmente, uno de los problemas más nocivos que provocan las organizaciones es diseñar programas de formación basados en percepciones de alguien que cree saber lo que los vendedores necesitan sin tener un diagnóstico del funnel de ventas, de las habilidades y necesidades de capacitación.

Problemas de los equipos de entrenamiento comercial

Primer problema – Los entrenadores no están entrenados

El área de entrenamiento, aunque parece que siempre ha estado ahí, es completamente desconocida para muchas organizaciones. Por ejemplo, suele ser confundida con el área de capacitación.

Entrenar es un proceso activo de ejecución constante y mejora continua que se distingue por centrarse en la práctica y la mejora individual. La capacitación, en cambio, es un proceso pasivo de emisión y recepción de información. Definitivamente, es la base para poder entrenar, pero los perfiles de quienes lo imparten son totalmente distintos.

Para ser capacitador, debes tener una formación específica sobre cómo hablar frente al público, identificar las diferentes formas en que aprenden los participantes, conocimiento de métodos didácticos-andragógicos, y, por supuesto, manejo de grupo, es decir, lidiar con diferentes personalidades para que todos aprendan conceptos generales y puedas ir profundizando con otras capacitaciones.

En cambio, para ser entrenador, debes ser experto en desarrollo de habilidades. En un par de capítulos te explicaré a detalle los conocimientos específicos que debe tener esta posición, que para nada es fácil de reclutar y desarrollar.

Las empresas deben diseñar una currícula de desarrollo para los formadores, impartida por expertos en cada uno de los rubros. Deben evaluar constantemente los contenidos, los métodos, la forma en que imparten las sesiones de capacitación o entrenamiento y, finalmente, proveer de herramientas que ayuden a medir el impacto de la capacitación en el negocio. Una encuesta de satisfacción no es suficiente; la inversión debe reflejarse en números (ventas o conversiones).

Asignar a personas que no saben de entrenamiento tiene un costo alto. Pensar que sólo por el simple hecho de saber del proceso de venta o tener experiencia vendiendo (si eres o fuiste vendedor o director de ventas) puedes administrar un área de entrenamiento sin bases técnicas y teóricas del desarrollo de habilidades es un error. Justo es ahí donde entra una terrible disputa de opiniones en donde todos creen saber "como se entrena", pero nadie tiene un método.

La ignorancia sobre el perfil, la falta de horas de formación y experiencia que requiere un entrenador, un director de entrenamiento o un capacitador, hace que cualquier esfuerzo por mejorar sea inalcanzable porque quién dirige, es un amateur con buenas intenciones.

Ante la carencia de expertos en entrenamiento, muchos de los asesores de venta invierten horas de estudio pensando que dominar el producto o los procesos internos de su compañía les traerán un mayor número de ventas.

Ciertamente, contribuye en la seguridad que un asesor puede tener para enfrentar las preguntas de sus clientes.

Por eso, muchas empresas impulsan al mejor vendedor a compartir sus conocimientos para que los demás puedan aprender del "campeón". Sin embargo, esto también resulta estéril porque las habilidades no se desarrollan ni por osmosis ni de forma exclusivamente auditiva o visual.

Si el objetivo es inspirarlos y dejarle saber que en tu industria se pueden lograr resultados increíbles, entonces el testimonio esta excelente. Si el objetivo es desarrollar habilidades, jamás se logrará. Las razones son sencillas: la primera es que el "campeón" no es experto en desarrollo de habilidades, y la segunda es que el asesor de venta está escuchando una narrativa, una anécdota de lo que alguien hace durante la entrevista.

Es como si viera una película de la que sólo recordará algunos aspectos significativos. Si hicieran un role play, medianamente podría aprenderse algo, aunque tampoco sería suficiente. En el mismo ejemplo de la película, sólo hasta que haces un análisis profundo y observas una, y otra vez, podrás entender cada fragmento minúsculo de la producción.

Cuando aprendes a nadar, la teoría parece sencilla mientras estás en tierra, pero una vez que estás en el agua es totalmente diferente. No importan las horas que tomaste de capacitación, ni la cantidad de videos o testimonios que escuchaste. Nadar requiere habilidades que se van desarrollando con pequeños ejercicios antes de tratar de hacerlo en una alberca de 50 metros.

El desarrollo de habilidades es insustituible, es único e individual. Se construyen con un experto en Skill Builders (construcción de habilidades) que entrenará de forma personalizada. No puedes digitalizar la forma de aprender habilidades; en ellas se necesita practicar y recibir retroalimentación. Tampoco hay soluciones generales porque cada ser humano es único.

El costo de contratar personal que no tiene experiencia en desarrollo de habilidades normalmente lo ves en el gasto anual que hacen las empresas en métodos mágicos que aseguran que, con un curso de tres días, se convertirán en expertos de venta.

Otro costo es el tiempo destinado a la implementación de mecanismos como: Social Learning o neuromarketing, que prometen un aprendizaje acelerado con la creencia de que el método por sí mismo hará el trabajo que debería hacer un entrenador.

Segundo problema –Nadie supervisa

Otro de los grandes temas de las organizaciones es la falta de supervisión en la aplicación de lo que se enseña. ¿Por qué las empresas que invitan expertos o desarrollan herramientas de venta no logran hacer que sus vendedores vendan al triple? La respuesta es sencilla: porque nunca valida que sus vendedores usen lo que se les enseñó y mucho menos evalúan la forma en que lo hacen.

Si hacemos que una persona haga una presentación de ventas ¿la hará de forma extraordinaria exactamente igual las veces que se requiera? Sí, sólo si esta entrenada y supervisada constantemente en su ejecución. El éxito es replicable siempre y cuando se tenga identificado que replicar, cómo replicarlo y alguien que se asegure de que se haga.

Muchos vendedores usan el argumento de su estilo o la individualidad de su proceso de venta y se excusan diciendo que sus clientes "son diferentes". Cada vez que hablan con un cliente pareciera que la experiencia es completamente volátil y que todo puede ser completamente cambiante. Si esto fuera cierto, se volvería una utopía el proceso de venta.

Regularmente, estos argumentos son de individuos poco disciplinados porque, aunque los clientes cambien, el vendedor es el mismo. Él es quien lleva la entrevista y hace exactamente las mismas preguntas clave, maneja el mismo producto y es capaz de "encerrar" a sus clientes en los argumentos de venta.

Incluso, los que dicen que no tiene un proceso, realmente sí lo tienen, sólo que no está mapeado para poder escudriñarlo y encontrar las áreas de oportunidad.

Esta autenticidad con la que quieren trabajar algunos vendedores es una calamidad para las empresas que año tras año afrontan demandas por materiales no autorizados ("herramientas") que el asesor diseñó y que no tenían una regulación. De la misma forma, la falta de preparación lleva a muchos vendedores a tratar de improvisar y caer en errores que cuestan millones a las compañías.

Si fueras un clavadista olímpico en la final de la competencia, ¿tratarías de innovar?, ¿cambiarías el proceso que entrenaste? Se requiere una supervisión constante de lo que se enseña y de la aplicación en la vida real para evitar que, frente a un cliente importante el asesor trate de improvisar.

No necesitamos que el asesor innove, no se le contrató para eso; hay expertos que se dedican a desarrollar nuevos métodos de venta. El asesor debe ejecutar el modelo a la perfección.

Tercer problema – Esperar un resultado inmediato

El éxito express aleatoriamente funciona. Los famosos gurús del internet hablarán de cómo ellos se convirtieron en grandes empresarios o vendedores. Sin embargo, realmente ¿a cuántas personas las han podido llevar a generar ingresos mayores a los de ellos mismos?

Cuando la pregunta está en la mesa para cuestionar la utilidad y veracidad del entrenamiento, la respuesta es la misma: "Mi método es infalible; son los participantes de mi taller los que no tienen la capacidad de llevarlo a cabo". Entonces, ¿hay un predeterminismo para el éxito de ventas?, ¿el método es lo suficientemente bueno o falta entrenamiento?

Incluso los programas más sofisticados de ventas que hablan de conexiones neurológicas y marketing no son capaces de demostrar qué hace que un vendedor logre su resultado de venta.

La importancia de un entrenamiento en donde se trabaje uno a uno es vital para asegurar que el vendedor sea capaz de replicar exactamente el modelo a seguir de venta recién instruido. Por otro lado, para asegurar que el método funciona se requiere tiempo y práctica.

En el terreno de la música, no hay cursos express para convertirte en cantante con la tesitura de tenor. La tesitura no es algo que puedas elegir; es una característica única. Cada persona tiene un timbre de voz que es como una huella digital: es irrepetible.

Una vez que el instructor determina las características vocales para desempeñarte en la cuerda que corresponde, hay cientos de horas de práctica, ejercicios, recitales, presentaciones en auditorios pequeños, audiciones e infinidad de ensayos para llegar a dar su do de pecho noche tras noche.

Se debe elegir muy bien el repertorio que ejecutará en su siguiente presentación y reflexionar si está preparado para aceptar un proyecto, ya que un fallo puede ser la diferencia entre ser contratado para la siguiente obra o terminar con su carrera por falta de entrenamiento.

A todas las compañías les gustaría clonar a su mejor vendedor. Al tener una presión inminente de vender lo más rápido posible, hace que olviden el tiempo que tomó desarrollarlo y capacitarlo.

Estas empresas deben dar peso al entrenamiento, otorgar recursos, seleccionar a los mejores entrenadores, prepararlos y supervisarlos. Sólo así podrán aspirar a establecer las bases de un entrenamiento de ventas sólido.

La identificación del talento individual desde el momento de la recluta es vital para determinar el tipo de entrenamiento que se debe asignar, como el cantante de ópera: un método acorde a sus características vocales.

La rotación de fuerza de ventas demuestra las vastas áreas de oportunidad que hay en reclutamiento y la falta de desarrollo de habilidades. El entrenamiento toma tiempo, no hay soluciones express. El éxito no tiene caminos cortos.

Citando al mejor vendedor del mundo, Joe Girard: "Nunca llegarás al éxito utilizando el ascensor, siempre debes subir por las escaleras, una a una" (Girard,1998).

Cuarto problema – No hay un diagnóstico del funnel de ventas, DNC o DHV

Antes de decidir en qué capacitar, vale la pena preguntarse: ¿qué debe saber un vendedor para ser efectivo en las ventas?, ¿tiene base de datos suficiente y perfilada para poder vender?, ¿cuántas entrevistas debe tener para obtener comisiones?, ¿exactamente qué tiene que hacer un vendedor durante una entrevista de venta?

Cualquier vendedor, antes de empezar a leer sobre las técnicas de venta, debe conocer su conversión de venta en cada etapa del proceso. Es decir, debe saber: ¿cuántas personas logra contactar?, ¿cuántas citas obtiene presencial o virtual?, ¿cuántos asisten a las citas? Y, finalmente, ¿cuántos compraron?

Antes de enviar a un vendedor a un seminario de ventas, o asignar una capacitación, un entrenador debe saber los números de cada uno de sus asesores a desarrollar para focalizar sus esfuerzos y mejorar su proceso.

Los vendedores con características natas regularmente dejan a la suerte de su talento un cierre de ventas; los vendedores entrenados practicarán y establecerán estrategias para reducir el porcentaje de error que puede tener una entrevista.

Existen dos caminos para llegar a las ventas: actividad y efectividad. La actividad no es otra cosa que el número de veces que intentas algo. Por ejemplo, ¿cuántas llamadas haces al día?, ¿cuántos clientes visitas por día?

Normalmente, un asesor de ventas novato trabaja con la variable volumen de transacciones, y la razón es muy sencilla: al no tener habilidades tan desarrolladas como un vendedor consolidado, necesita practicar con muchos prospectos hasta lograr ser más efectivo.

En definitiva, el volumen es un tema de probabilidad: a mayor volumen de actividad, es mayor la probabilidad de cerrar un negocio. Aunque sea el peor vendedor del mundo, va a lograr cerrar negocios simplemente por tener actividad.

Cientos de asesores y gerentes de venta a lo largo de mi carrera me han pedido que imparta cursos de técnica de venta o de manejo de objeciones. Sin embargo, al preguntar sobre el número de llamadas del día y escuchar 5 o 6, en definitiva, el problema es de actividad No necesitas un curso de cierres, necesitas ponerte a marcar ¡ya!

Los gerentes de venta novatos, al no estar familiarizados con los indicadores y las conversiones, toman decisiones equivocadas sobre el rendimiento de un vendedor antes de analizar su productividad.

Cuando encontramos un vendedor que no tiene citas, debemos preguntarnos si es porque no sabe hacer llamadas, no cuenta con la habilidad o simplemente decide no hacerlo. Si resulta el asesor no quiere hacerlo, el tiempo que se invierta será estéril porque no se puede entrenar sin la disposición por parte del vendedor. La voluntad no se entrena jamás.

Registrar la actividad es muy importante porque, durante el entrenamiento, los vendedores acuden con la expectativa de que el expositor le brinde solución a algunas objeciones que aparentemente muestran los prospectos en las entrevistas de ventas.

Cuando cuestionamos sobre el número de clientes que les han dado esa objeción y que determinen el porcentaje que representa del total de los prospectos visitados, en el mejor de los casos nos encontramos con porcentajes muy bajos.

Lo más común es que ni siquiera exista registro para poder determinarlo. El entrenamiento se convierte entonces en una serie de suposiciones sobre lo que podría funcionar, sin establecer realmente estrategias que generen un impacto inmediato en la venta.

Una vez que estamos seguros de que la actividad de venta es frecuente y que el volumen de transacciones nos permite tomar una referencia más certera sobre el comportamiento del funnel, podemos trazar las conversiones para determinar en donde debemos ser más efectivos. El éxito en ventas no es algo que cualquier persona puede obtener, sólo llega a quien trabaja por ello con actividad.

La efectividad es la capacidad de obtener un resultado con el menor de los recursos y en el menor de los tiempos. Los asesores entrenados son capaces de establecer cierres de venta con pocos prospectos, y la razón es muy sencilla: han aprendido rápidamente sobre el cliente, tienen un proceso establecido de comunicación y son capaces de ejecutar sus habilidades de ventas de forma precisa.

La efectividad es el destino a donde todos queremos llegar: gastar poco tiempo y esfuerzo para poder tener un resultado positivo; y la actividad es el camino que nos llevará a ese destino.

Muchos vendedores suponen que con tres prospectos lograrán el resultado deseado porque, desafortunadamente, muchos asesores de venta toman como referencia a los asesores profesionales para establecer sus objetivos de actividad con una efectividad más baja. Es ahí en donde el pronóstico de ventas se verá comprometido porque la efectividad no es la misma.

La peor combinación en ventas es tener poca actividad (prospectos, citas) y poca efectividad. El mix entre ambas debe estar todo el tiempo presente en la administración de ventas. Ningún camino es mejor que el otro; ambos deben acompañar la carrera de un vendedor porque el mercado cambia y será necesario ajustar, incluso por temporalidad, la efectividad esperada y la actividad proyectada.

Para mejorar la efectividad, debes medir cada etapa de tu proceso para saber si requieres desarrollar tus habilidades de prospección, de llamadas telefónicas o de venta.

El manejo de objeciones jamás puede ser una variable relevante si se desconoce el porcentaje que representa sobre el total de las objeciones, porque puedes trabajar una objeción que representa muy poco en el impacto general. El nivel de detalle permitirá desarrollar estrategias dirigidas para ese tipo de cliente.

El trabajo entre el gerente de ventas y entrenamiento se origina cuando el líder comercial identifica una tasa de conversión a mejorar, el entrenador valida que tenga prospectos, que cuente con la actividad necesaria y revisa que efectivamente el diagnóstico sobre la tasa que se pretende corregir sea correcto.

El trainer asignará tareas específicas y realizará ejercicios para mejorar la calidad del proceso, mientras el líder asegura que se mantenga el volumen esperado de transacciones para mejorar la tasa.

Las ventas son una profesión de números, actividad, disciplina y ejecución. Si no tienes claro lo que quieres mejorar será imposible alcanzar el objetivo en el tiempo que requieres con los recursos que tienes.

Un mal diagnóstico puede hacerte perder dinero, tiempo y credibilidad ante tu equipo por implementar medidas que no corresponden con la realidad del mercado y del asesor.

Características que debe tener un entrenador

¿Por qué elegirías hacer brillar a alguien más que nos seas tu?

Amor por el desarrollo de los demás

Los entrenadores hacemos nuestro trabajo por un amor profundo para ayudar a los demás a ser mejores en sus profesiones. Con mucha paciencia, estamos dispuestos a pulir el carbón y esculpir con cincel el talento de los que quieren desarrollarse, y nos encanta ver como nuestros aprendices (trainees) van evolucionando y alcanzando sus metas.

Al mismo tiempo, es una profesión llena de bemoles: palpamos de primera mano el triunfo de nuestros estudiantes, que tarde o temprano desaparecerán en medio de los reflectores. También afrontamos con dolor la pérdida de personas con extraordinario talento que tuvieron poca disciplina o situaciones personales que los arrancaron del camino de sus carreras profesionales.

Cuando reconocemos el talento, es emocionante iniciar el proceso de desarrollo, porque puedes observar cómo sus autolimitaciones van dejándose de lado al mismo tiempo que ganan seguridad a medida que practican.

Es increíble ver que el estigma "suena como robot" de un guion de ventas es destruido por completo cuando el asesor logró asimilar en su persona un diálogo escrito a tal punto que no puede distinguirse si se trata de su personalidad o de un guion.

Es maravilloso ver en la plenitud de sus capacidades a un profesional de las ventas hacer su trabajo con todos los métodos que nacieron y se practicaron en el aula. Sentimos el mismo orgullo que un escultor cuando cincela una piedra hasta pulirla y transformarla en una obra de arte.

Estar dispuesto a ser superado

Este aspecto es el más difícil para un entrenador joven. Normalmente, el entrenador (trainer) cuando inicia una carrera, tiene toda la energía de demostrar que es el mejor en lo que hace. Su peor error, es pensar que es mejor que los propios vendedores. Si tal fuera el caso, debería estar vendiendo y no impartiendo sesiones de desarrollo de habilidades.

Sucede lo mismo cuando se esfuerza todo el tiempo por demostrar que es el experto y que el asesor lo necesita. Cuando el entrenador (trainer) entiende lo trascendental de su trabajo, deja de mirarse a sí mismo como el protagonista y comienza a ejercer su rol: el de formar a un futuro líder.

Algunos entrenadores sienten celos de la increíble forma en que sus vendedores han adaptado sus habilidades para lograr sus objetivos y perciben que el trabajo de desarrollo es infravalorado. Esto es una trampa del ego. La vocación y dedicación que se requiere para ser entrenador debe sobrepasar incluso el mismo logro personal, porque somos profesionales al servicio de nuestros aprendices (trainees).

Vivimos para que ellos alcancen sus metas; nuestra misión es crear grandes vendedores en la oscuridad y el silencio. Para los que entrenamos de corazón, es un triunfo que nuestros asesores de venta logren sus metas.

El entrenador debe aprender a dimensionar el impacto del trabajo que hace. El gerente de ventas debe tener la misma convicción, el asesor exitoso finalmente le hará ganar comisiones también.

Cuando trabajaba en Monterrey, impartía uno de los módulos de ventas en donde se hablaba de la importancia de escuchar sin juzgar, sin interrumpir, sin hacer un sólo gesto de aprobación o desaprobación, únicamente centrarse en obtener la información.

Años más tarde, en un restaurant de la misma ciudad, una persona se acercó a saludarme. Sandra, una participante de aquel curso, muy cálidamente me abordó para conversar y externarme su admiración por el taller que había impartido años atrás. Me agradeció profundamente ese curso que impartí porque había mencionado la importancia de escuchar sin juzgar, y que la aplicación de esos ejercicios le habían permitido mejorar la relación con su hija y su pareja.

Me pareció insólito que ella recordara una sesión que impartí mucho tiempo atrás y que el mensaje trascendiera al aula, llegara hasta su hogar y a su corazón.

El impacto que tenemos cuando hablamos frente a nuestros vendedores es enorme. El mensaje que enviamos llegará a sus prospectos, clientes e incluso a sus familias. Es importante que reflexiones y prepares cada palabra antes de impartir cursos, conferencias o talleres.

Piensa que, cuando terminan las sesiones el contenido será un tema de conversación en la cena de alguna familia. Tus palabras resonarán más fuerte de lo que te imaginas en la mente de tus estudiantes, impactarán en sus pensamientos, sentimientos y en sus decisiones.

Dejar ir a tus estudiantes

Tienes que aceptar que serás olvidado por tus trainees. El éxito es abrumador y los alejará del entrenador. Es parte del ciclo del entrenamiento: termina cuando el alumno no te necesita más, cuando encuentra a otros nuevos expertos para desarrollar nuevas habilidades o adquirir nuevos conocimientos.

Cuando el vínculo se rompe, es doloroso para ambos. A veces, el trainer se enfoca en nuevos talentos y el alumno lo resiente; literalmente se ponen furiosos, tristes o celosos por sentirse abandonados. El verdadero entrenador prepara a sus alumnos para que lo abandonen, para que no lo necesiten y asegurarse de que pueda valerse por sí mismos. Ningún maestro es para siempre.

Para un entrenador, una de las situaciones más duras durante el entrenamiento, es observar talento con un alto potencial de desarrollo que enfrenta quiebres emocionales en su vida personal y que lo desconcentra o aleja de los objetivos profesionales.

Cientos de carreras profesionales se han terminado por divorcios, enfermedades, embarazos, matrimonios, nacimientos de hijos, fallecimientos, rupturas afectivas y problemas legales. Para el trainee, es difícil decidir entre una vida profesional exitosa y una vida personal equilibrada. ¿Cuál es mejor? La que te permita vivir feliz sin la otra o la que permita a ambas convivir.

Karla, por ejemplo, era una ejecutiva del sector financiero que inició como becaria en un despacho sin la menor experiencia en inversiones. Aprobó su entrenamiento con cientos de horas invertidas por su trainer para mejorar, desde su forma de hablar hasta su forma de vestir.

Al cabo de dos años, era una de las mejores vendedoras de su ciudad. Durante una fiesta decembrina, conoció a un joven que trabajaba en otro país. Se flecharon, enamoraron y llevaron una relación a distancia durante algunos meses.

Al cabo de un año, Karla dejó todos sus negocios, su familia y su vida por irse a vivir con Fernando a una pequeña ciudad en Texas, en donde ahora es ama de casa de tiempo completo y está intentando aprender a cortar el cabello para pasar el tiempo.

Para los entrenadores, es difícil procesar que todo lo que se trabajó se va a la basura en el nombre del amor y que, de un momento a otro, los intereses de trainee cambiaron radicalmente. Esto es algo que sucede con mucha frecuencia, finalmente, el alumno también siempre se marchará.

Pedro y Arturo tienen una extraordinaria voz. Desde pequeños, mostraron una habilidad única para el canto. Pedro nunca ha querido profesionalizarse porque no le gusta la presión de estudiar y mucho menos cantar piezas que no le gustan. Canta por placer, y eso lo hace feliz. Aunque audicionó al conservatorio y fue aceptado, no se presentó. Actualmente, se dedicar a la carpintería y canta desde su taller.

Arturo, su hermano, ama cantar y ha estudiado durante años con una profesora de canto reconocida internacionalmente. Ganó un concurso de canto para obtener una beca en Alemania; sin embargo, embarazó a su novia y decidió declinar la beca, pausar sus estudios de canto para encontrar un trabajo más estable. Hoy trabaja en la tienda de su padre y canta ocasionalmente con un conjunto regional.

Karla, Pedro y Arturo decidieron dar prioridad a sus vidas personales. No hay elecciones correctas o incorrectas, siempre y cuando estén alineadas al objetivo de vida que se quiere alcanzar. Elegir en donde invertir su tiempo, energía y esfuerzo quizás sea la razón por la que no todos alcanzan el éxito y miran con añoranza la vida que pudieron tener, y justificarán su felicidad con lo que tienen porque no tienen más elección.

Dedicarse a formar una familia es algo extraordinario si así lo decides, pero no tiene que ser excluyente de tu crecimiento profesional. Siempre tendrás la posibilidad de esforzarte al triple para alcanzar tus objetivos en todos los aspectos de tu vida. Hay cientos de profesionales de primer nivel que lo han hecho; no hay razones por las que tu trainee no lo logre.

¿Qué tipo de conocimientos debe tener un entrenador?

El trainer debe contar con diferentes recursos emocionales y técnicos para resolver cada aspecto al que se enfrenta un vendedor. En muchas ocasiones, debemos adoptar distintos roles, como el del hijo de puta intransigente que no "piensa en las necesidades o en las limitantes" del trainee.

Otras veces, seremos los mentores que, con suavidad y dulzura, le diremos lo increíble que son los avances que tiene en el entrenamiento. También nos convertimos en sus consultores dándoles recomendaciones para mejorar. En todos los casos, buscamos que mejoren a pesar de sus propios temores, paradigmas y autoconcepto.

El entrenador debe ser astuto, perseverante y paciente porque el trainee luchará todo el tiempo consigo mismo, con sus inseguridades y su propia indisciplina, a tal punto de querer demostrar que el método no sirve. En muchas ocasiones, creerá que debe buscar otras formas más "fáciles" de conseguir sus objetivos, y el novato caerá en la trampa mental de pensar que puede "ganar dinero sin esfuerzo".

El trainee no elije en que ser entrenado. Es como si un estudiante de canto sólo quisiera practicar los agudos porque es lo que él cree que hace mejor. Esta creencia es totalmente absurda porque todas las piezas musicales tienen notas graves o registro medio, y deberá poner en práctica todo su registro vocal en distintas piezas. Así que no, el trainer no negocia lo que se va a entrenar.

El trainer debe tener experiencia sólida en lenguaje corporal, ser capaz de aplicar métodos para que el vendedor aprenda a leer los gestos de desagrado, de sorpresa, miedo y satisfacción de sus clientes. Aunque parezca increíble, muchas personas no son capaces de identificar las emociones que expresan las personas que están frente a ellas.

El trainee debe estudiar del lenguaje corporal para poder controlar su cuerpo y su rostro con el objetivo de expresar claramente las ideas y emociones de lo que quiere provocar en el cliente. Definitivamente, debe tener nociones básicas de detección de mentiras porque es extremadamente común que un cliente te diga que lo pensará y su lenguaje corporal dice que jamás sucederá.

Otra área que debe dominar es la técnica para hablar en público. Es muy distinto dar una conferencia, una presentación a un comité directivo o una sesión uno a uno. Cada una tiene códigos de comportamiento distintas. No puedes dar una presentación de ventas a un grupo de accionistas como si estuvieras dando un curso. Aunque tengas una buena propuesta, de nada servirá si el presentador es terrible exponiendo.

El formador deberá instruir sobre el uso de la voz, asignar ejercicios de dicción, inflexiones, realizar vocalizaciones, establecer ritmo y cadencia de las palabras que se emiten para que la presentación cumpla su objetivo y se transforme en venta.

El trainer debe poseer un conocimiento profundo de psicología y PNL que le permita reprogramar comportamientos del alumno. Asignará métodos ad hoc a su estilo de aprendizaje y será capaz de diseñar o usar materiales de venta para que se sienta más fuerte en una presentación. Algunos asesores venden usando videos, otros una hoja en blanco y otros más solamente hablando.

La aplicación de pruebas psicométricas a los asesores te permitirá ahorrar grandes pasos en el conocimiento del trainee. Para ser claros, mientras más conoces al estudiante mejor puedes asignar ejercicios individuales que lo ayuden a mejorar. Mientras más pruebas apliques, tendrás parámetros para entender su lógica, su habilidad numérica, sus valores, flexibilidad, inteligencia, etc.

Saber de inteligencia emocional ayudará al trainer a identificar las distintas emociones por las que atravesará su estudiante. Es completamente normal trabajar con la frustración, el enojo, el miedo y la desesperación. Es labor de entrenador trabajar aún con esos estados de ánimo y sacarles provecho.

El trainer en ningún momento es un redentor que busca la inteligencia emocional para doparlo de felicidad. El desarrollador busca sacar provecho a esas emociones y transformarlas en energía pura para la venta. Nosotros no desarrollamos a los estudiantes para ser buenas personas; los dotamos de herramientas que les permitan lograr sus objetivos usando sus recursos.

El trainee debe dominar los tipos de liderazgo que se pueden ejercer de acuerdo con sus características y valores. El trainer buscará diseñar una imagen con el tipo de liderazgo que quiere tener el estudiante y trabajarán juntos para consolidarlo.

Es muy importante que identifique, a través de ejemplos de líderes, cómo espera ser percibido para empezar un plan de construcción de la personalidad de venta. La expectativa se logrará siempre y cuando la personalidad del vendedor sea sumamente flexible y adaptable a lo que busca.

No sería un entrenador si desconociera los principios de andragogía, didáctica, lexicología, taxonomía del aprendizaje y planeación educativa. Esa es la base para diseñar un plan de trabajo que especifica paso a paso a dónde se dirige el entrenamiento.

Es deseable que tenga conocimientos sólidos del coaching, aunque entrenar no es dar coaching porque el entrenamiento es 100% directivo. Es importante saber aplicar esas técnicas para trazar las metas del propio estudiante y vencer algunas de sus creencias limitantes que lo acompañan.

Finalmente, un entrenador de habilidades conoce distintos métodos de venta y procesos de comercialización para poder detallar el "happy path" que se debe usar como modelo y poder replicarlo. Es ridículo pensar que el entrenador va a diseñar el proceso de venta; es experto enseñando habilidades, no en desarrollo de estrategias de comercialización.

¿Debe tener experiencia en ventas?

No necesariamente. Sin embargo, es indudable el cuestionamiento: "Si es tan bueno vendiendo, ¿qué hace entrenando?". La mayoría de los entrenadores que estuvieron en ventas no fueron leyendas de su industria, así que no es difícil pensar que algunos arrogantes vendedores cuestionarán la experiencia del entrenador.

Dudarán de sus historias, sus métodos y pondrán a prueba todo el tiempo su credibilidad. Quizás el vendedor sea indolente ante el trainer cuando mencione que se cambió de ventas a entrenamiento por la legítima convicción de enseñar. Si no tiene experiencia en ventas, pasará exactamente lo mismo, añadiendo la falta de sensibilidad en el campo.

En realidad, en totalmente irrelevante si fue vendedor o no. Lo que se requiere es que sea un experto en desarrollo de habilidades, que sea capaz de replicar el modelo. En el ámbito deportivo, infinidad de entrenadores nunca fueron medallistas olímpicos y han sido extraordinarios maestros de grandes figuras a nivel mundial.

A veces, los entrenadores no tienen los mismos reflectores que "la super estrella", pero en ningún caso han pasado desapercibidos en la historia de su rama por la reputación de talentos que ha desarrollado. Así que no, no necesitas ser un medallista olímpico para ser el mejor entrenador del mundo y llevar al mayor número de alumnos a la máxima presea.

Si vas a elegir a un entrenador, guíate por su experiencia entrenando profesionales. Los mejores entrenadores del mundo tienen lista de espera, son altamente cotizados, muy bien remunerados y dejan de legado más allá de una medalla; dejan su enseñanza.

Todos creen saber de entrenamiento

Algunas compañías no quieren invertir en entrenamiento porque no ven claramente el ROI. Se conforman con algunas metodologías alternas que les permiten evitar la extinción del modelo de venta y salvar un poco del resultado. Imagínate que un director desesperado por su resultado en ventas sale de una sesión en donde le dijeron que su fuerza de ventas necesita capacitación. Pide algunas ideas, y sucede lo siguiente:

Su equipo directo le sugiere que un vendedor enseñe a otros a vender, pero no uno cualquiera, el mejor vendedor. Hace todo el sentido: es el modelo más barato y, además, es un testimonio de éxito.

Algunos vendedores aceptarán a cambio de una remuneración; sin embargo, los vendedores TOP, en el mejor de los casos, evaluarán si están dispuestos a compartir su tiempo en asesores novatos porque su trabajo es vender. La ganancia está en los negocios con prospectos, no andar enseñando a otros que le pueden quitar mercado.

Siempre hay algún vendedor insatisfecho que quiere transmitir su sabiduría de cómo ha logrado el éxito porque ser el mejor ya no es suficiente; ahora quiere trascender. El problema es que no tiene la menor idea de cómo hacerlo. No es desarrollador; es una persona que tiene éxito y no sabe cómo replicarlo.

Cuando escuchas "yo lo hago así", oculta la falta de preparación y experiencia entrenando. "A mí me funciona de esta forma" denota las ganas de ser reconocido y generar admiración por sus colegas. El discurso de estos vendedores no va orientado a que aprendan; se centra en el propio asesor que está dando el testimonial para hacer una apología de su trabajo.

Normalmente, estos asesores al estilo "stand up" describen las travesías para cerrar una venta, con una tónica entretenida y divertida. Muchos se sentirán identificados o motivados por alguien que logró vencer al cliente, haciendo que comprara un producto que no quería.

Si el presentador se atreve a hacer una demostración pública de una venta, estará cerca de que los participantes se lleven algo más que una anécdota. Y, si después el presentador, hace pasar al frente a un trainee para hacer una demostración, y es retroalimentado. ¡Bingo! Estaremos ante las bases del desarrollo de habilidades.

El problema es que sólo un participante está siendo desarrollado; los demás simplemente son espectadores de un montaje. Incluso, el que está recibiendo la retroalimentación, con suerte, mejorará. Esto dependerá de que el expositor tenga experiencia dando feedback y asignando ejercicios específicos para mejorar.

Hace algunos años, Amanda era la campeona de pólizas de gastos médicos. Fue invitada a dar su testimonio porque era la mejor en el país, y al parecer, ese título la dotaba de incuantificables habilidades de desarrollar vendedores.

Durante la presentación, mientras hablaba de sus hábitos matutinos de alimentación, sus ejercicios mentales para lograr las metas, fuimos descubriendo que realmente no estaba aportando nada dirigido a la venta de forma concreta.

Afortunadamente, un participante le cuestionó sobre cómo generaba tantos negocios en el mes, y de pronto ¡gol!, descubrimos que rompía absolutamente todas las reglas, no sólo de la compañía sino de la ley y el sector.

Las afirmaciones que hacía sobre como vendía, según la ley, debían ser sancionadas con la cancelación su licencia de ventas e incluso podría correr un proceso legal en su contra. Oficialmente, teníamos al capacitador de las malas prácticas.

Al ser cuestionada por otra participante y con sonrisas un poco incómodas, Amanda trataba de disfrazar las malas prácticas como propuestas que ella quería hacer y que era una forma de buscar el "como si" para vender (aún a costa de algo ilegal).

La presentación terminó entre aplausos y con cientos de pólizas vendidas fuera del marco que manda la ley. Quizás Amanda no tenía malas intenciones; simplemente era una persona ignorante de su marco normativo y fue lanzada por una persona negligente que no se aseguró que el contenido fuera acorde a la cultura que se quería fomentar. Lo más importante: nadie fue desarrollado; sólo escuchamos una historia de estilo de vida y ventas sucias.

Cuando el director de ventas pide más opiniones sobre cómo entrenar, el director de finanzas le dice que hay presupuesto para contratar un consultor externo.

Muchas empresas piensan que con un par de cursos es más que suficiente para entrenar a una fuerza de ventas. En ningún momento pensemos que es imposible que una consultora puede hacer entrenamiento, aunque es honesto reconocer que ellos no son los expertos de tu proceso y que habrá infinidad de temas que se escaparán de su experiencia.

Una consultora debe destinar la mitad del tiempo contratado a vivir el proceso de venta de un asesor. Una vez que se logra este objetivo, puede destinar el tiempo restante a la formación de entrenamiento comercial. Realmente, es un porcentaje muy bajo del tiempo el que destinará a entrenamiento, porque deberá cubrir el diagnóstico, después la capacitación tradicional para alineación de procesos y, al final, el desarrollo de habilidades.

Otro departamento que propositivamente querrá asesorarte con la mejor de las intenciones es recursos humanos. Con el mínimo conocimiento de la problemática de ventas (porque ellos no han vendido), intentará convencerte de que las competencias soft son las más importantes y que, si las desarrollas tendrás individuos autónomos.

Establecerán grandes presupuestos para formar a los colaboradores en empatía, manejo del tiempo, trabajo en equipo, etc. Las competencias soft están bien, pero no son lo que necesitas para vender. Claro que es romántico pensar que recibiendo una capacitación de habilidades soft nos hará "mejores personas" y, por ese simple hecho, los clientes nos comprarán, pero no es así.

Cuando el vendedor está con el prospecto, está solo, frente a frente, y necesita habilidades sumamente concretas, medibles y replicables que, bajo ningún concepto, se centren en conceptos vagos como "ponerse en su lugar" porque, infinidad de veces, no podrá siquiera imaginar las objeciones que enfrentará.

Por ejemplo, le sucedió a Jorge, un vendedor de seguros de vida, mientras asistía a una cita de ventas. Le pidieron que cotizara dos seguros: uno para su esposa de 42 años y otro para su joven amante de 22 años. El papel del vendedor no es juzgar, ni dar lecciones de moralidad o bondad, ni siquiera se espera que sea empático. Su trabajo es ofrecer el producto que está buscando para satisfacer sus necesidades. Finalmente, si no lo hace, otro vendedor lo hará.

Otra área que querrá asesorarte es el área de marketing. Ellos siempre te darán una visión general del consumidor y seguramente te proveerá de argumentos que puedan parecer convincentes a los ojos del mercadólogo.

¿Por qué los vendedores no aplican los conceptos de venta que se desarrollan en mercadotecnia? No importa que tan sexys suenen en inglés los términos; no significan nada los resultados de las investigaciones de mercado o de los diferenciadores de la competencia si el vendedor no es capaz de articularlo y ejecutarlo en la vida real.

Es como si un músico profesional escribe una obra maestra y el intérprete no sabe leer la partitura. El conocimiento generado por mercadotecnia debe ser procesado por entrenamiento para crear herramientas didácticas replicables.

El verdadero esfuerzo de una empresa que cree que la capacitación y entrenamientos son importantes debe observarse en el presupuesto para atraer a los mejores entrenadores, capacitar a tus formadores en desarrollo de habilidades, establecer herramientas para evaluar constantemente a tu fuerza de ventas, diseñar contenido para diversificar los métodos de aprendizaje y establecer incentivos por resultados de venta asociados a KPIS de entrenamiento.

¿Qué le debes enseñar a un vendedor nuevo?

Las empresas piensan que el entrenamiento es lineal, es decir, que con un cronograma puede explicarse la forma en que los nuevos ingresos aprenderán. Sin embargo, es un error hacer un plan de capacitación sin tener los objetivos delimitados de lo que se pretende enseñar y, mucho menos, podemos establecer objetivos sin tener claro el perfil de los estudiantes a quienes entrenaremos.

Determinar el tipo de entrenamiento que usarás es vital para el éxito de una estrategia de formación. Por ejemplo, existen empresas en donde su modelo de ventas necesita atraer vendedores experimentados que aprendan a vender su producto.

El perfil de contratación es clave porque el entrenamiento será dirigido a capacitar en producto, procesos de la empresa y quizás mejorar algunas de las habilidades de venta que ya tiene.

Un vendedor con experiencia requiere dos semanas como máximo para conocer el producto, procesos de la compañía, CRM, herramientas de comercialización, la compensación, campañas y materiales de marketing para el consumidor acorde al tipo de mercado que cubrirá.

Con este tipo de asesores, el entrenamiento no va dirigido a enseñar a prospectar, instruir técnica de venta y mucho menos a desarrollar habilidades porque se asume que ya las tiene. Se trabaja únicamente con capacitación. La forma de evaluarlo es a través de exámenes y certificaciones grabadas en donde el vendedor es capaz de explicar en sus propias palabras cada uno de los tópicos que se le instruyó en el entrenamiento.

Si la empresa planea contratar personas sin experiencia y el entrenamiento está diseñado para aprender producto, entonces nunca mejorarán sus habilidades y tendrá rotación constante porque nunca desarrolló a sus vendedores novatos.

Un candidato sin experiencia requiere un proceso totalmente diferente, es mucho más robusto y complejo porque su formación no se centrará en que tenga los conocimientos técnicos de la venta.

Debe tener un entendimiento claro desde el día uno de lo que significa ser un vendedor, las responsabilidades que lleva y el tipo de profesional en el que se debe transformar para alcanzar sus metas. De lo contrario, tendremos personas poco convencidas y quizás con expectativas totalmente equivocadas de lo que significa vender.

Para poder dar orden a la formación de un asesor novato y que esté alineado con las expectativas que requiere la empresa del vendedor, se deberán implementar los tres tipos del entrenamiento para formar desde la raíz a un vendedor exitoso.

Entrenamiento de selección: Un entrenamiento que busca romper las creencias limitantes sobre las ventas, llevar al límite al alumno para que decida si realmente quiere estar en ventas o no. Busca descartar a los que no están seguros de iniciar una carrera en ventas o que están buscando un trabajo por urgencia.

Capacitación: dedicada a que aprenda el producto, el modelo de venta, su esquema de compensación, herramientas, etc.

Skill Builders: como su nombre lo indica, es la construcción de habilidades de venta. Aprobar los dos primeros niveles de entrenamiento son la base para llegar a la construcción de habilidades. Un candidato nunca puede pasar a Skill Builders hasta que estemos seguros de que quiere ser vendedor y domina el producto al 100%.

1.- Entrenamiento de selección

Para el área de reclutamiento, es indistinto si un candidato tiene habilidades desarrolladas, si será productivo rápidamente o sólo está tomando la oportunidad porque le urge cualquier tipo de trabajo.

Aunque existen sus excepciones, la mayoría de los reclutadores son medidos por cubrir un head count, no por evaluar el nivel de expertis de un vendedor o sus probabilidades de éxito en ventas.

Por lo tanto, el área de ventas debe utilizar herramientas de diagnóstico después de la recluta que te permita identificar si el candidato tiene la voluntad de ser un vendedor exitoso, si está dispuesto a seguir el entrenamiento y a adquirir nuevos hábitos y conductas de los mejores asesores de la industria.

Muchas personas, cuando piensan en ventas, arrastran creencias familiares de que vender es la última opción que cualquier persona debía considerar. Piensan que es vergonzoso y de mala educación que un vendedor llame a sus amigos para solicitar una demostración de venta o les llame para pedir recomendados. Creen que perderán amistades y relaciones familiares por ser percibidos como posibles timadores.

Los que tienen esa imagen tan negativa de las ventas saben también que se necesita mucho valor para tocar de puerta en puerta, ser constantemente rechazado, tener una gran disciplina y aceptar que los ingresos dependerán totalmente de vendedor. Es necesario romper las creencias limitantes sobre las ventas y abrirse a la posibilidad de poder vender.

Algunas compañías centran su reclutamiento y capacitación inicial en enamorar al candidato presentando el esquema de compensación, impartiendo casos de éxito de vendedores, clientes y familiares de los vendedores que son testigo de su crecimiento profesional.

Muy pocas empresas establecen entrenamientos para evaluar el nivel de convencimiento del candidato para dedicarse a las ventas. Normalmente, se asume que no hay dudas y que ha superado la vergüenza de vender sólo por el hecho de postularse a una vacante comercial.

El entrenamiento de selección permite medir el nivel de seguridad que tiene el candidato respecto a la carrera profesional de ventas. Ayuda a descalificar a los que aún poseen creencias que los limitarán en la venta con temores infundados e inseguridades.

Finalmente, este entrenamiento sirve para asegurarse que sólo aceptarán a los que realmente saben el trabajo que desempeñarán y el esfuerzo que se requiere. Erradicarás la justificación futura de abandonar la carrera de ventas porque "no sabía realmente lo que haría". El trainee debe poder describir, al final de este entrenamiento, las actividades que desempeñará, los hábitos que requiere desarrollar y la forma de alcanzar sus metas.

Es importante establecer requisitos previos para poder ingresar al entrenamiento. Por ejemplo, en el sector asegurador, el asesor deberá haber vendido junto con su entrenador al menos 3 pólizas; en el sector inmobiliario, deberán haber aplicado al menos 20 encuestas en frío; en la industria de los utensilios de cocina, el futuro vendedor debió haber agendado tres visitas con sus amigos para que su gerente de ventas o el entrenador haga la demostración de ventas; en las ventas telefónicas el novato deberá hacer llamadas a la base de peor conversión con un guion básico con el objetivo de evaluar el nivel de frustración ante la no contactación y el posible rechazo.

En este entrenamiento (de selección) se realizan las primeras llamadas al mercado cálido (el más cercano al vendedor) para solicitar referidos. Es una prueba que el candidato debe realizar supervisado por su entrenador.

Para poder aprobar la evaluación, bastará con que el asesor demuestre que está convencido de realizar la actividad sin la menor duda, más allá del resultado del número de referidos que obtenga. Una ventaja adicional de establecer este mecanismo es que seremos capaces de evaluar el nivel de aceptación y reputación del candidato.

Durante el entrenamiento de selección, se realiza un autodiagnóstico que permita al vendedor novato ser honesto y sincero respecto al compromiso que se tiene hacia la carrera de ventas. Se debe identificar si el motivador de ventas es únicamente el ingreso monetario o si lo que se busca es reconocimiento.

En este periodo es vital establecer un objetivo de ventas en dinero y traducirlo en objetivos de actividad (prospectos, llamadas, citas, ventas, recomendados, etc.) para que el vendedor comprenda el esfuerzo que requiere alcanzar los objetivos.

Por otro lado, deberás identificar las creencias limitantes de los participantes a lo largo del entrenamiento. Explorarás que significa para ellos tener éxito en ventas y descubrirás las características que creen que debe tener un vendedor exitoso.

Desarrollarán un plan para transformarse en el tipo de vendedor que aspiran ser. Se revisará su mercado objetivo y las posibilidades reales que ofrece de venta para poder arrancar una carrera exitosa. En caso opuesto, se establecerán las bases del plan de prospección a ejecutarse en los primeros 30 días.

En este entrenamiento, puedes evaluar distintos aspectos de su perfil que impactarán en el futuro de las ventas. Mide su habilidad numérica para saber si tu vendedor tendrá problemas al hacer comparativos entre precios de competidores, ofrecer descuentos o cuantificar beneficios.

Evalúa la calidad y la precisión con que entrega los materiales o tareas que asignas. Identifica su nivel de concentración y de velocidad de aprendizaje. Cada aspecto que requieras evaluar debe tener un entregable que puedas medir y, en medida de lo posible, mejorar.

Uno de los puestos más solicitados en ventas es el de prospección. Las habilidades de prospección son muy específicas y totalmente identificables y verificables. Para saber el nivel de comunicación de un candidato que hace presentaciones públicas, basta con solicitar un video en donde demuestre la forma en que hace una presentación de un producto. Cuando lo implementamos como un control en el entrenamiento de selección los resultados fueron increíbles.

En una implementación en 27 sucursales a nivel nacional, descubrimos que sólo un 30% entregaba el material; se dividía así: 10% no lo entregaba con las especificaciones requeridas (por ejemplo: la duración, la calidad del audio), y 12% del total recibido lo entregaba fuera de tiempo. Es decir, únicamente el 8% entregaba el material conforme a las instrucciones.

Los números fueron exactamente los mismos en otra tarea asignada de memorización de un guion de venta, de un resumen de un libro o cualquier tarea a entregar. Debes saber, desde el primer instante, quienes son los trainees que cumplirán y quienes no.

El candidato debe saber en todo momento que está siendo evaluado, y sólo si aprueba en entrenamiento de selección podrá participar en el nivel de capacitación. El trainee debe estar convencido de ser un vendedor exitoso, sin culpa, vergüenza y con un entendimiento claro de compromiso y esfuerzo que implica vender. Si un candidato no aprueba este nivel, tampoco puede pertenecer a la compañía.

El costo de tener a alguien en un aula que no aprende al mismo ritmo que el grupo es frustrante tanto para el trainer como para el asesor, e inevitablemente se marchará.

Los procesos de aceptación y evaluación a institutos de alta reputación son comunes en todo el mundo. En las mejores universidades de música del planeta, la tasa de aceptación es menor al 8% para elegir a los alumnos de la próxima generación. Es necesario cumplir con una audición; el alumno debe haber entrenado y tenido una formación previa formal y profesional.

Ningún alumno llega a aprender de cero; el alumno ya debe estar formado. Lo que harán estas universidades es mejorar, pulir y exponenciar las habilidades. Algunas universidades piden referencias del instituto o del entrenador que los desarrolló previamente.

En el proceso también, explícitamente le piden al postulante entregar una carta motivos en donde el alumno desea ingresar al programa, lo que le permite hacerse consciente de que está aplicando para una de las mejores universidades del mundo y el esfuerzo que se requiere para ingresar.

Otro ejemplo de selección lo encontramos en la danza. En el Bolshoi de Rusia, los niños tienen que superar exhaustivos exámenes de salud, de rendimiento, flexibilidad, coordinación, y deben tener una formación musical previa para garantizar que entienden los conceptos básicos del ritmo y la dinámica. Una vez que ingresan al ballet, deben llevar una carga de materias adicionales a la formación técnica y física.

Los niños de tan sólo 10 años dejan de ser niños para convertirse en competidores de alto rendimiento. Pronto queda atrás la ingenuidad de bailar para satisfacer a los padres o por la diversión de mover el cuerpo, quieren ser los mejores.

Ellos toman la decisión de resistir y competir porque nadie está obligado a hacerlo. Pueden renunciar, como lo hace el resto de los desertores; algunos porque extrañan a sus padres, otros porque es demasiado el esfuerzo hasta el punto en que duele bailar.

Ser el mejor y entrenar duro es una decisión que pocos quieren tomar, y mientras más progresan, mayor es la necesidad de continuar bailando. Si los mejores institutos del mundo preseleccionan a sus candidatos con ese rigor, ¿por qué elegirías las opciones que no son las mejores para tu empresa?

No entrenamos a cualquiera - Contrato de confianza

A lo largo de la historia y hasta hoy en día, cientos de personas han pasado por procesos de iniciación en organizaciones y cultos. Estos rituales buscan que el nuevo miembro asimile que es parte de un grupo de personas que comparten una cosmovisión en común.

Las iniciaciones son fundamentales porque delimitan al resto de las personas con las que están iniciadas y, para nada, son exclusivas de creencias religiosas. Están presentes en universidades con las fraternidades, en los cuerpos policiales, militares y otras profesiones con las "novatadas", en donde el iniciado tiene que probar que tiene las características para ser parte del equipo y que confía en el grupo al que pertenecerá.

En las ventas, algunas empresas también hacen sus procesos de "bienvenida" para que el nuevo colaborador armonice su identidad con los demás. Sin embargo, a diferencia de otro tipo de organizaciones, el entrenador es la pieza clave para que un vendedor novato tenga un fuerte compromiso, sentido de pertenencia y lealtad hacia la empresa.

El entrenador debe ser tan extraordinario haciendo su trabajo que otros vendedores quieran estar en el entrenamiento, dispuestos a aprobar cada asignatura y a aceptar el contrato de confianza.

Este contrato no es más que un pequeño ritual de iniciación en el entrenamiento de selección para validar que el trainee acepta ser entrenado y que ejecutará los métodos que su entrenador designe. Es una afirmación que debe darse expresamente por parte del trainee y el entrenador en una breve reunión donde se conversa sobre las reglas del entrenamiento.

El trainee debe mencionar: "Acepto ser entrenado con los métodos que mi entrenador designe, ya que no conozco mis límites y por eso aceptó este entrenamiento". El trainer responderá: "Acepto ser tu entrenador y me comprometo a que cada acción estará encaminada a que seas el mejor vendedor de tu industria".

A partir de ese momento, nos convertiremos en sus maestros, sus managers, seremos los hacedores de estrellas de las ventas, aunque jamás podremos ser sus amigos, sus psicólogos ni mucho menos sus niñeras.

El que quiera ser entrenado debe entender que el entrenador hará uso de diferentes recursos para que el trainee alcance su máximo potencial y que su trabajo es desarrollarlo. El contrato de confianza es muy poderoso porque, algunas veces, el trainee debe tener en mente que el entrenador siempre buscará llevarlo al mejor rendimiento, y a veces el estudiante tiene rechazo a algunos métodos que debe dominar y llevar a la práctica.

Por ejemplo, un asesor que menciona que no le gusta prospectar no tiene cabida en el entrenamiento de ventas. Es un tema que debe revisarse, desarrollarse y no estará a negociación. Por lo tanto, el contrato de confianza asegura que se cubrirán todos los elementos de la venta sin vacilar.

Está en nuestra naturaleza humana querer hacer procesos más sencillos para gastar menos energía y obtener un mejor resultado. Desafortunadamente, en el desarrollo de habilidades la experiencia se obtiene de miles de repeticiones, de infinidad de fracasos y de algunas breves victorias.

Un estudiante de ballet que quiere innovar métodos para abrir un *cambre* en tiempo *record* seguramente encontrará lesiones que pueden durar toda la vida. La labor del entrenador es guiarlo para que logre el resultado, aún ante la prisa y desesperación que tiene el estudiante por lograr sus metas.

Sin el contrato de confianza, el entrenador se encontrará con la necedad del trainee de querer arar su camino sin escuchar la voz de la experiencia. Buscará caminos cortos, innovar y desarrollar métodos creativos para subsanar la falta de voluntad para lograr una tarea.

A veces son necios, sordos, ciegos y testarudos, aún ante la evidencia de que el camino funciona, se aferrarán a buscar su propio sendero. ¿Qué caso tiene tener un entrenador si el estudiante cree que sabe más que el entrenador? Si no le gusta el entrenamiento: ¡que se vaya! Que busque otro formador o que se desarrolle solo. El contrato de confianza se rompe cuando el trainee o el trainer abandonan el entrenamiento por la razón que sea.

El alumno debe ser sometido a dos pruebas de aceptación para ser entrenado: la primera es leer un libro completo con un tiempo máximo de dos semanas. Si no puede hacer eso, no puede hacer nada en la vida.

Leer un libro es un ejercicio de concentración complejo, de imaginación, síntesis y de memorización. Requiere que dediques tiempo y que sea tu prioridad el aprendizaje. Si un alumno dice que no tiene tiempo o que no está acostumbrado, serán las excusas absolutamente para todas las actividades y tareas que se requieran desempeñar. La disciplina no es negociable.

El segundo filtro de aceptación es memorizar una hoja con contenido de venta, letra por letra. Algunos piensan que es un poco arcaico (casi siempre son personas flojas que no quieren sentarse a estudiar), pero es la base para aprender cualquier cosa: un idioma, una canción o un modelo de venta.

Si no es capaz de memorizar con efectividad una hoja, es imposible que pueda aprender todas las señalizaciones que le harás de forma simultánea durante un role play, por ejemplo: la entonación, el movimiento corporal, las gesticulaciones, el uso de los recursos físicos, etc.

Durante la aplicación de estas dos pruebas, necesitas estar dispuesto a desilusionarte una y otra vez porque descubrirás que hay personas con mucho talento, con poca persistencia, falta de interés y, en algunos casos lo más esencial: sin voluntad.

Las empresas suelen asustase porque piensan que entonces se quedarán sin vendedores. Aceptar esto sería ratificar la falta de preparación del área de reclutamiento.

Para atraer los mejores vendedores, también se requieren los mejores reclutadores.

2.- Capacitación

Como hemos mencionado, la capacitación es un proceso de transmisión de conocimiento de temas necesarios para poder ejercer de forma certera la actividad de ventas frente al cliente. Normalmente, los pilares de la capacitación están orientados a que el vendedor sepa del producto, de los procesos comerciales de la compañía, las reglas de negocio, el esquema de compensación, CRM y técnicas de venta o de los pasos para vender, al menos de forma conceptual.

El armado de un programa de capacitación supone varios retos porque es necesario determinar las necesidades que se buscan resolver a través de la capacitación y, sobre todo, la audiencia a la que se dirige este tipo de formación.

El proceso para elaborar un plan de capacitación inicia en la Detección de Necesidades de Capacitación (DNC) y concluye con la ejecución y medición de este.

Existen diferentes métodos para aplicar una DNC. La primera opción es hacer la detección de forma cuantitativa evaluativa, es decir, a través de un examen a la fuerza de ventas para medir el nivel de conocimiento de cierto tema.

La segunda es aplicar una evaluación en donde el asesor autoevalúa su nivel de conocimiento basado en su percepción (normalmente es impreciso porque el vendedor puede pensar que sabe poco del tema, y cuando aplicas un examen, el resultado es totalmente distinto).

La tercera opción es aplicar una auditoría del proceso comercial para revisar los errores más comunes de la venta, por ejemplo, el llenado de un contrato. Incluso puede aplicarse una encuesta de servicio al cliente para saber las áreas de oportunidad de lo que el vendedor menciona en la venta.

Finalmente, algunas empresas contratan agencias de Mystery Shooper para identificar áreas de oportunidad en el proceso de la venta.

Un diagnóstico profesional deberá contener todas las evaluaciones integradas y contrastarse con las tasas de conversión del proceso de venta, para poder hacer un plan de capacitación en donde el objetivo no sólo sea aprobar un examen o que la capacitación sea del agrado de los participantes, sino impactar en resultados cuantificables que impacten en el negocio.

Cada uno de los métodos de DNC arroja una lista de conocimientos que deben cubrirse en los vendedores. El riesgo más común es que esa lista sea generada desde el escritorio y el plan se haga basado en "percepciones" o "casos aislados" que no cuentan con datos o números que respalden el rubro que debe capacitarse.

En ese caso, el resultado será catastrófico, y la capacitación será acusada de "no sirve" por una falta metodología de detección de necesidades de capacitación.

Métodos de capacitación y herramientas

Existen hoy en día métodos de capacitación de cientos de autores que distan de ser el tradicional curso en un aula, como se hace en la escuela. El reto más importante es hacer la capacitación escalable y medible. A continuación, describiré algunos de los métodos y conceptos más usados en el mundo de la capacitación, que buscan cubrir la necesidad de esta segunda fase del entrenamiento.

Microtraining: En 10 minutos como máximo debes dar un tema de capacitación, debe ser de forma diaria. A lo largo de una semana, se habrán sumado 50 minutos de capacitación sin impactar en tiempo en la operación. El método es muy sencillo, requiere precisión en los tiempos porque, insisto, no puede demorar más de 10 minutos la sesión.

Naturalmente, deben tener predefinidos los temas de la semana. Se entrena en un proceso a la vez; es decir, el objetivo no es dar mucha información en poco tiempo, por el contrario, es dar algo muy sencillo que, al final de la semana, agrupe un conocimiento más complejo (este es el principio del aprendizaje fragmentado).

El microtraining se inicia con un cuestionario de dos preguntas que deben ser respondidas en esa misma sesión. Al final de los 10 minutos, se volverán a evaluar los mismos reactivos para validar la mejora. Las sesiones pueden ser útiles para alinear procesos, conocimiento de producto o información, nunca deben usarse para habilidades porque para eso está la metodología de Skill Builders.

Desventajas: Debes tener un contenido para cada día. Al cabo de dos meses, habrás impartido más de 40 temas. Requieres que los contenidos sean validados y sintetizados.

Social Learning: Es un método muy conocido en empresas que buscan abaratar costos en la capacitación. Ponen a otros colaboradores a que enseñen sus procesos, independientemente, si los que enseñan están capacitados para enseñar a adultos, dominan el proceso que instruyen y la calidad de este.

Es muy utilizado en empresas con personal que tiene años en la posición o que la actividad que se hace es muy técnica o especializada. Para que sea efectivo, debe implementarse con metodología de casos mapeados, documentados y validados por la compañía, con esto se evita que se repliquen malas prácticas. Puede considerarse un tipo de capacitación muy específica in situ.

Desventajas: Sin un proceso de certificación previa, se replicarán malas prácticas. Se requieren espacios de colaboración digital o físicos para fomentar la interacción social.

Coaching

Realmente no es un método de capacitación, sino de desarrollo de talento. Hoy en día hay coaching para todo (hasta para sacar a pasear al perro). Algunas veces quieren incorporarlo como parte del programa de capacitación, sin embargo, coaching no es un curso de capacitación, no es un feedback, tampoco es dar "consejos" ni mucho menos un regaño (llamada de atención).

El coach es un profesional que ayuda a su coachee a trazar sus metas y, semana a semana, revisan avances e identifican oportunidades de mejora mediante preguntas. El coaching es una herramienta poderosa, porque permite enfocar constantemente al vendedor en el objetivo en lugar de aseverar o dirigir, el vendedor tomará consciencia a través de la auto reflexión.

Desventajas: Es un proceso de al menos 10 semanas. Debe ser impartido por un experto profesional certificado en coaching. No es capacitación, no hay temas básicos o de formación para hacer mejor el trabajo con el cliente. Cada sesión de coaching puede durar hasta 1 hora por lo que difícilmente puede ser replicable, a menos que se invierta en una plantilla de coaches certificados.

LMS

Es una plataforma electrónica en donde puedes montar contenidos, evaluaciones, videos y recursos de apoyo para el aprendizaje. Quedaron atrás las evaluaciones en papel, los exámenes de preguntas abiertas, que son totalmente interpretativas.

Estas herramientas electrónicas permiten entrenar de forma acelerada y escalable. Puedes estandarizar los mensajes y la información. Los contenidos siempre están disponibles en la nube.

Desventajas: Licenciamiento y capacidad de almacenamiento. Necesitas un equipo de diseño instruccional que prácticamente será administrador de la currícula, productor de videos y animaciones gráficas para generar contenido.

Mentoring

El mentoring es un método de desarrollo que, a diferencia del coaching, no se centra en preguntas. El mentor emite juicios y recomendaciones basadas en su experiencia. Da acompañamiento a las problemáticas que se van desarrollando en el día a día. Se considera una capacitación a través de testimonial. El mentor resolverá dudas basadas en su propia experiencia con semejanza de condiciones. Es una capacitación que utiliza "casos de uso" para aprendizaje de la persona que recibe la capacitación.

Desventajas: Los problemas más comunes en los programas de mentorías es que los mentores realmente aún son muy novatos, o cuentan con poca credibilidad para dar recomendaciones. Los mentores con experiencia normalmente están ocupados, no les interesa impartir sesiones sin una alta remuneración ya que son expertos en el tema.

Testimoniales

Los testimoniales son una historia breve de cómo se ha obtenido un determinado resultado. Por ejemplo, una venta exitosa, un equipo con buenos resultados o la descripción de ¿cómo vender un determinado producto? A diferencia del mentoring en donde hay un acompañamiento, este método se realiza en una sola exhibición.

Desventaja: Los contadores de historias pueden tener diferentes métodos de venta a los que pretenden usar en la compañía, esto puede desalinear el proceso comercial. Los testimonios pueden ser exagerados o con imprecisiones que resten credibilidad. Los que imparten el testimonio pueden presentar situaciones tan específicas que no sean de interés para alguien más. Pueden comunicar un método tan radical que la audiencia no capte la esencia de lo que deben aprender. No tiene seguimiento porque se escuchará sólo una anécdota personal.

Modelo 70-20-10

Este modelo, totalmente de moda en recursos humanos, es en sí mismo una estructura de aprendizaje más que un plan de capacitación. Considera que, para aprender, debes operar el plan de capacitación en tres ejes, divididos en porcentajes de tiempo que se deben destinar para aprender. 70% aprender con tareas (haciendo), 20% aprender de otros (compañeros, mentores, etc.) y 10% cursos o capacitación.

Desventajas:

70% Debes estar dispuesto a que todo el tiempo existan errores ya que están aprendiendo sobre la marcha y, como sólo ha dedicado el 10% en capacitación, seguramente todo el tiempo tendrá dudas.

20% Si no tienes un proceso de certificación y reglas claras, se replicarán los errores y las malas prácticas.

10% Como invertirán poco tiempo en capacitación, tendrás vendedores que no entienden el proceso, el producto ni al consumidor.

Etrainment.

Algunas empresas han implementado entrenamiento lúdico a través de apps, video juegos, cuentos, series de televisión con problemáticas de la oficina o del consumidor. Es común ver en este método juegos de mesa como trivias, jeopardys o loterías, incluso programas de radio que transmiten a sus colaboradores conocimientos o historias que muestran los comportamientos que esperan replicar. También pueden encontrar dentro de esta variable gammification que permite al alumno aprender a través de simulaciones en juegos electrónicos.

Desventajas: Costoso. Se requiere un equipo creativo de producción de video y construcción de entretenimiento. Es un cambio total de paradigma de la cultura organizacional porque literal, los sacarás de la operación para jugar o ver TV.

3.- Desarrollo de habilidades

Una vez realizado el DNC y diseñado el plan de capacitación, es necesario implementar una Detección de las Habilidades de Venta (DHV) que permita identificar las áreas de oportunidad del vendedor con el objetivo de implementar programas de entrenamiento dirigidos a las necesidades prácticas detectadas. Si las habilidades están desarrolladas, el vendedor podrá vender cualquier producto o servicio.

El principal reto al elaborar la DHV es convertir lo que parece cualitativo en cuantitativo. Por ejemplo, cuando pensamos en "saber vender" se engloban muchos conceptos relacionados a la habilidad.

Si bien la técnica de venta es la base, la habilidad se traduce en ¿cómo se hace? Al hablar de habilidades de venta, se supondría que lo que se evalúa es la técnica de venta; sin embargo, hay muchos más elementos a mejorar que sólo son evidentes al ojo del entrenador. En otras palabras, la pregunta es: ¿Qué comportamientos replicables deben entrenarse?

Para poder explicar los comportamientos que deben replicarse y la forma de hacerlo, necesitamos comprender dos conceptos: Factor de éxito y Aprendizaje fragmentado.

Factor de éxito

Este factor se compone de los comportamientos, las acciones, palabras y herramientas que se utilizan en una entrevista de venta para que el prospecto compre. Es imposible nombrar factor de éxito a alguna acción sin haberla probado y demostrado que realmente funciona.

Por ejemplo, cuando mencionamos la palabra "descuento" puede parecer una frase determinante para fomentar el cierre de la venta, pero si está mal empleada, en el momento equivocado se volverá un factor de knock out.

Un prospecto que acude a una distribuidora de autos y le muestran el precio con el descuento al inicio de la sesión, es altamente probable que si no está en su presupuesto pierda el interés y te haga perder el tiempo porque no va a comprar.

Sin embargo, si primero muestras el vehículo, haces la prueba de manejo y después le otorgas el descuento el resultado puede ser diferente. Si bien el presupuesto es el mismo, la percepción es distinta. El factor de éxito en este ejemplo es saber ¿en qué momento de la venta se oferta el descuento?

Muchas compañías en su proceso de venta le piden al asesor que presente la historia de la empresa, los valores o algunos testimonios, pero al cliente no le interesa; el sólo quiere saber la propuesta económica y saber si las transacciones se pueden hacer de forma digital.

Es complejo identificar el factor de éxito en cada organización, porque muchas veces permiten que los vendedores comercialicen "a su gusto", lo que ocasiona que no pueda observarse un proceso uniforme. Necesitarías hacer observaciones a un volumen estadísticamente aceptable para encontrar evidencias del factor de éxito.

Una vez detectado, debe ponerse a prueba y documentarse. El reto al identificar el factor de éxito es plasmar a detalle la acción que detonó la compra.

Por ejemplo: ¿La presentación la hizo en papel o de forma digital?, ¿utilizó escenarios numéricos o habló de testimonios?, ¿en dónde estaban físicamente cuando ofreció el descuento, en el auto después de la prueba de manejo o en el escritorio?, cuando hablaban del crédito hipotecario para la casa ¿era por la mañana o por la tarde?, al hablar del monto de la prima de un seguro mientras estaban en un restaurante ¿habían ordenado alimentos?, ¿habían ordenado la cuenta?

Realiza una grabación de una entrevista de ventas y comienza a analizar cada uno de estos elementos para desmenuzar que sucede en cada rubro. Te servirá para darte cuenta de que se escapan muchos detalles de la primera vez que revisaste el video. Por ello es importante destacar que el factor de éxito se obtiene de muchas observaciones para entenderse y poder replicarse.

Una vez que identificas el factor de éxito, debes saber que nunca será replicable sólo observando a otros hacerlo, mucho menos tomando un curso del factor de éxito. Tienes que llevarlo a la práctica.

La cantidad de acciones que se hacen durante la venta son infinitas, y normalmente el que está observando, centra su atención en uno o dos elementos. La velocidad en la que se desarrolla la entrevista de venta es tan ágil que es imposible captar los elementos clave de la venta.

Si dividiéramos en categorías una entrevista, debiéramos hacerlo de la siguiente forma: Contenido (lo que dice), paralenguaje (cómo lo dice), lenguaje corporal y herramientas utilizadas. Aquí es donde entra el entrenador, a través de la metodología Skill Builders buscamos replicar a detalle cada factor de éxito y llevarlo a la vida práctica hasta perfeccionarlo.

Aprendizaje fragmentado

Cuando tratamos de aprender un idioma nuevo, necesitamos la memorización, es la pieza angular de todo conocimiento. Sin memorizar palabra tras palabra no podríamos articular frases elaboradas y sostener una conversación.

El cerebro humano no puede aprender todo de golpe, aunque "los resultados urgen", es imposible hablar un idioma a la perfección con tan sólo un par de clases. El cerebro humano requiere aprender pequeños fragmentos para poder hilvanar un todo, necesita dividir en pequeñas acciones, frases, sensaciones para poder eventualmente replicarlos.

Cuando enseñamos con el aprendizaje fragmentado, debemos asegurarnos de que bajo ningún concepto el estudiante será instruido en otros conceptos hasta dominar el tema anterior.

Nunca inicias con álgebra en los estudiantes que no han aprendido a sumar. Un estudiante de música no debe avanzar si una nota está desafinada o ha perdido las cuentas de un compás. Aprendizaje fragmentado es la clave para replicar el factor de éxito.

Entonces, ¿cómo podemos establecer una evaluación de habilidades? Sencillo: divide hasta la más diminuta fracción tu proceso de venta. Debes tener el proceso mapeado para poder fragmentarlo. El problema es que muchas organizaciones piensan que vender es un tema de "estilos" o "tipos de clientes", pero no es así.

¿Qué hay en común en todas las entrevistas de venta? ¡El vendedor! es él quien comercializará con diferentes personas además siempre vende el mismo producto. No hay impedimento para identificar y fragmentar cada comportamiento de quienes logran vender.

Para poder llevar a la práctica el aprendizaje fragmentado, es necesario desmenuzar el proceso comercial. Hay que observar una entrevista de ventas y enunciar cada una de las transacciones.

Posteriormente, para validar que otra entrevista cumpla con las acciones deseadas, se asigna un valor binario, es decir, que se pueda responder a la siguiente pregunta: ¿Se hizo o no se hizo durante la entrevista? Por ejemplo: Mostró físicamente el contrato (¿sí o no?), ¿Ofreció la prueba de manejo o no la ofreció?, etc. Nunca debe prestarse a la interpretación un reactivo a evaluar.

Una vez mapeado el número de transacciones que se hacen en la venta, se desmenuza el comportamiento que se espera de cada situación. Por ejemplo, "sonríe al ofrecer una bebida", y deberás describir específicamente que significa sonreír (muestra los dientes superiores y ciñe la frente).

Se deben evitar a toda costa lo calificativos como "buena presentación", "servicial", "empático" o cualquier otro que pueda quedar sujeto a la interpretación del estado de ánimo el evaluador.

Los actores son capaces de replicar una y otra vez un diálogo que al mismo tiempo comunica físicamente un mensaje. Sus gestos son idénticos en cada escena, aunque a diferencia del vendedor, el actor no tiene réplica.

El vendedor responderá también a las mismas objeciones miles de veces y ejecutará la misma estructura de venta una y otra vez. El vendedor debe tener consciencia todo el tiempo de que cada acción, por mínima que sea, debe ser entrenada y ejecutada durante cada entrevista de venta.

Existen habilidades que por su naturaleza parecerían cualitativas, como el "volumen de la voz", "las inflexiones", "la modulación", pero si son completamente medibles. Se requieren herramientas que midan los decibeles, la rítmica, la afinación para dar una valoración adecuada si se pretende calificar.

Estas habilidades no pueden entrar en los rubros de evaluación salvo que el trainer tenga conocimientos sólidos y experiencia; de lo contrario, el resultado puede ser totalmente subjetivo. Usar herramientas tecnológicas que ayuden a evaluar y cuantificar los comportamientos de las ventas son la mejor inversión.

En el aprendizaje fragmentado, la evaluación debe ser tan clara y específica que incluso alguien que no pertenezca a tu empresa pueda calificar a un vendedor.

Skill Builders

Durante una sesión de Skill Builders, el entrenador se dedicará explícitamente a mejorar la forma en que un vendedor se comunica y desempeña en cada etapa de la venta:

a) Asignarán ejercicios específicos para mejorar las habilidades de ejecución.
b) Establecerán los primeros role play para familiarizarse con el proceso real en la venta.
c) Se mostrarán testimonios y materiales de práctica para robustecer el concepto táctico de la venta en la vida real.
d) Harán constantes demostraciones del proceso de venta hasta que el estudiante pueda replicar exactamente el modelo de venta y,
e) lo más importante, se irá aprendiendo paso a paso el factor de éxito a través de aprendizaje fragmentado.

Mientras trabajaba en una firma de servicios financieros, compartía con otros entrenadores la misión de preparar a los novatos y asegurar su permanencia con el cumplimiento de objetivos mínimos. Teníamos vendedores asignados que compartían clases con otros formadores.

Comencé a descubrir que las sesiones de mis colegas eran totalmente teóricas; los ejercicios eran dirigidos a escenarios irreales y, naturalmente, los vendedores dejaban de asistir. Al observar que no había una conexión del contenido del entrenamiento con lo que sucede en la vida cotidiana, el asesor se frustraba y sentía que perdía el tiempo, así que buscaba otras alternativas de aprendizaje.

Skill Builders es un método de desarrollo de habilidades que permite replicar comportamientos a través del aprendizaje fragmentado. Regularmente, este método puede ejecutarse con no más de 6 personas, ya que el aprendizaje es prácticamente personalizado y el entrenador debe asegurarse de haber ejercitado con cada uno de los participantes.

Como principio base, Skill Builders busca desarrollar la habilidad a través de la práctica, la observación y demostración del proceso de venta. La demostración es vital en el modelado de la conducta que se desea replicar; la observación del asesor practicando el modelo de venta es determinante para su desarrollo.

Cuando pensamos en practicar, debemos aceptar que no hay un número determinado para conseguir un resultado. Aprender toma tiempo, y no me refiero a días, meses o años, sino al tiempo que está dispuesto el candidato a invertir practicando una y otra vez hasta lograrlo.

Principios básicos de Skill Builders

"Aprender es agotador, pero será más agotador si no queremos aprender"

En Bali, Indonesia, al iniciar las clases en Sanggar Pradnya Swari, un instructor menciona la importancia de estar dispuesto a desarrollar habilidades de la danza tradicional.

Los niños de entre 8 y 12 años parecen disfrutar del agotador entrenamiento físico y mental. Mientras la música suena, elevan su cuerpo con la punta de los pies, hacen una flexión y al mismo tiempo mueven las manos en diferentes direcciones. El movimiento de los dedos es igual de importante que el de los ojos para poder acentuar y expresar con belleza la historia que nos cuentan. Al menor error, el instructor corrige, da instrucciones mientras el bailarín está totalmente concentrado en seguirlas.

Mientras están en su proceso de formación, el entrenador demuestra todo el tiempo, como si fuera un espejo, los movimientos que espera el alumno ejecute. Se acerca a él y toma sus manos, lo dirige, lo guía, le enseña a mover cada parte de su cuerpo, corrige con delicadeza hasta lograr que las piernas, los brazos, los dedos, los ojos y la sonrisa estén en la posición correcta.

No basta la técnica o tener un buen entrenador; si el trainee no está dispuesto a disciplinarse y dejarse llevar, se agotará rápidamente y desistirá. El entrenamiento liga a dos extraños, el entrenador y el trainee en un sólo objetivo: que el alumno sea la mejor versión de sí mismo.

Todas las clases terminan con la siguiente frase "Terima kasih anak sudah semangat latihan menari bersama" - Gracias niños por el entusiasmo de practicar el baile juntos.

Nada es más complejo y agotador en el proceso de desarrollo de habilidades que identificar los alentizadores del aprendizaje. Por ejemplo, tratar de convencer a un vendedor que necesita ser desarrollado.

Si el trainee concibe que lo que hace está bien ejecutado, entonces, la mejora es impensable para el vendedor e imposible para el entrenador, porque el entrenamiento no va dirigido a convencer al asesor de que puede mejorar, sino a mejorar en sí mismo la habilidad. La danza balinesa nos enseña que la mejora se da de la mano con el estudiante convencido de ser guiado por su instructor.

La arrogancia de un asesor para demostrar que no necesita ser entrenado o que solamente puede aprender el conocimiento que le interesa imposibilita el aprendizaje global.

Un futbolista quisiera entrenar únicamente los pases de tiro a la cancha; sin embargo, debe tener una formación de defensa en banda o de pases entre jugadores. Sucede lo mismo en la formación musical, el alumno no elige estudiar sólo solfeo, o armonías o contrapunto, debe saber todo lo relacionado a la música, incluidas materias que no le agradan. Es determinante que el trainee comprenda que no puede elegir lo que quiere aprender.

La ceguera y la falta de autocrítica también es un detractor del aprendizaje, porque imposibilita al asesor a identificar lo que debe mejorar, partiendo de que desconoce las mejoras que debe implementar. En un chequeo médico, los síntomas sólo son pistas de un posible padecimiento que requiere de un profesional que evalúe exhaustivamente el estado global de salud.

Aceptar que desconoces algo o que se requiere aprender una nueva habilidad es el paso más grande para ser desarrollado. Se debe entender que un entrenador sabe más del desarrollo de habilidades que el mismo vendedor.

Algunos pensarán: ¿Cómo puedo dejarme entrenar y no cuestionar? Entrénate con un profesional, busca expertos en el desarrollo de habilidades y observa los resultados. Skill Builders debe ofrecerte resultados inmediatos, con pruebas de que la habilidad está mejorando día a día.

"Pensamiento sistemático y mente abierta para mejorar"

En Bangkok, el runway coach Jarid Kru Tui es un extraordinario expositor del modelado, no sólo de pasarelas de moda sino de desarrollo de habilidades.

Con altos tacones y una postura precisa, demuestra paso a paso el caminado en una pasarela a sus alumnos. Un bastón de unicel corrige detalladamente la altura a la que se elevan las rodillas, la extensión de las piernas, el movimiento de los brazos y hombros, incluso la velocidad en la que las modelos (niñas o adultas) deben caminar en una presentación de moda o de belleza.

Jarid nos enseña que incluso caminar tiene complejidad y que las correcciones en cosas básicas deben hacerse inmediatas: sin corrección no hay avance. Paso a paso se logra la perfección en el andar.

Con ejercicios específicos para cada alumno, Jarid va montando de forma progresiva cada transición de una pasarela, de tal forma que crea un sistema que, al ser repetido infinidad de veces, el cuerpo humano recuerda los patrones que adquirió y memorizó a través de las repeticiones, llevando a la ejecución impecable de forma totalmente natural.

Algunos de los ejercicios que asigna Jarid a sus alumnos son: jugar ping pong, poner un libro en la cabeza, caminar mientras cruzas obstáculos, hacer mímicas, cantar, bailar, pintar, fortalecer los tobillos o las muñecas con un juego de abanicos; los alumnos jamás cuestionan los métodos, saben que el entrenador es el experto y sabe lo que hace.

Ante la falta de aprendizaje del trainee, debemos identificar si es un tema de disposición o de capacidad. Velia es una asesora que estaba en un grupo de desarrollo, cuando se nos enseñó una técnica de venta nueva, ella respondió: "¡No podría hacerlo!", refiriéndose a que la técnica le parecía que no iba acorde con su personalidad y que le parecía muy agresiva.

El instructor Juan Pablo atinadamente le respondió "¿Estas imposibilitada para hacerlo?" La respuesta fue no. Sus valores y personalidad la hacían pensar que estaba imposibilitada a querer implementar una técnica nueva.

El vendedor debe tener total apertura y confianza en que el método enseñado debe ser probado en la vida real. Los prejuicios de Velia hacia las técnicas de venta la hacían pensar que las ventas no eran para ella; en realidad, ella no tenía la disposición para aprender.

Cuando pensamos que las técnicas son fáciles y cómodas, quitamos totalmente el rigor de la importancia de practicar.

En el caso de Velia, pensaba que era más importante sentirse cómoda que ejercitar una técnica nueva.

Los profesionales no están cómodos con todo lo que hacen. De hecho, hay cientos de veces que estarás en situaciones que no son cómodas: tendrás clientes difíciles, realizarás entrevistas de venta en cafeterías, salas de aeropuertos, etc. Nunca vas a tener los escenarios de ensueño para realizar tu trabajo y debes estar entrenado para trabajar en todos ellos.

La mezzosoprano Teresa Berganza cuenta cómo la extraordinaria soprano María Callas, durante una puesta en escena, debía bajar unas escaleras a toda prisa. No podía ver bien y no usaba lentes aún. Entonces, María llegaba una hora antes de cada ensayo para subir y bajar lentamente las escaleras hasta poder literalmente correr a través de ellas.

Un profesional de primer nivel no espera a que todas las circunstancias se adecuen para que esté cómodo y sea fácil su trabajo; siempre la adversidad la resolverá de una u otra forma.

Todo el tiempo tendrás que hacer cosas que no te gustan o que te dan miedo (llamadas, pedir referidos, armar cotizaciones, etc.). Una mucama de hotel debe revisar que todos los baños estén limpios, y es obvio que no le encanta hacer el aseo de un baño que ella no usó, pero es una profesional: le pagan para realizar ese trabajo y decide hacerlo.

Así que, si no te gustan las ventas y hacer todo el trabajo, habrá alguien más que si lo hará. Un electricista teme morir por electrocutamiento y, eso no impide que haga su trabajo, esta entrenado para convivir con esa emoción.

Otro factor importante es la resiliencia del alumno ante el fracaso. No siempre se trata de disposición; a veces el tema central es el temor a fracasar. Iván Bautista, ha declarado que no le gusta lanzarse en clavados aun cuando es el entrenador Olímpico de México y ha logrado que muchos de los talentos de ese país alcancen medallas en diferentes competencias olímpicas en clavados.

Cuando el entrenador tiene claro que él no es el protagonista, se enfoca en que el atleta ejecute a la perfección la técnica y que mentalmente esté preparado, concentrado para la ejecución sin obstáculos como el miedo de caer de la plataforma o lastimarse durante un salto.

Durante una entrevista en internet, Iván recuerda a una niña de tan sólo 11 años que durante un salto se raspó la espalda y cayó al agua. Aunque no se lesionó, ella quería abandonar para siempre los clavados porque tenía temor de que algo saliera mal y se volviera a lastimar.

El trabajo del entrenador fue darle confianza, inyectarle la fortaleza de seguir adelante porque el alumno caerá al agua muchas otras veces y deberá aprender a convivir con el temor. Desarrollar el valor de reponerse al dolor, transformarlo en fuerza para seguir adelante y proteger a los estudiantes es la prioridad de todo entrenador que ama desarrollar a otros.

La niña no sabía que muchos años más tarde se convertiría en campeona olímpica en esa disciplina; su entrenador nunca lo dudo.

Vencer las diferentes aristas emocionales del proceso de formación y, naturalmente, ser paciente con el aprendizaje, es la cúspide del desarrollo de habilidades. El exceso de ansiedad para ver el resultado final puede desenfocar al asesor, porque el aprendizaje fragmentado indica claramente que no avanzaremos hasta que esté perfectamente ejecutada la lección previa.

Progresivamente sólo avanzarás con el alumno hasta que cumpla cabalmente con la primera evaluación de habilidades. El temor de enfrentarse a un método que expone constantemente el desempeño, lograr superar rápidamente la vergüenza de un feedback inmediato debe ser parte de la madurez emocional de quien es entrenado.

Cuando empiezas con el desarrollo de la técnica vocal, el alumno quisiera empezar cantando. Desafortunadamente, los primeros meses deberá preparase para hacer una vocalización (calentamiento) lo más natural posible, buscando que el cuerpo este totalmente relajado. Repetirá una y otra vez los mismos ejercicios, incluso durante años, hasta poder lograr un registro vocal homogéneo, es decir, que suene a la misma persona que emite cada nota musical.

Quizás para el alumno desafinado será sumamente frustrante dedicar horas y horas hasta lograr entrenar su oído. Algunos otros tendrán problemas con el solfeo y el valor de las notas musicales; otros más dedicarán años de estudio a los idiomas de las óperas más famosas. El consuelo es que todos los aprendices están en igualdad de condiciones: deberán frustrarse una y otra vez.

El trabajo del estudiante de canto, además de aprender la teoría y la técnica vocal, es superar la cantidad de rechazo que vive diariamente al ser corregido por el profesor.

Es común escuchar cada minuto: ¡Estás desafinado!, ¡Falta apoyo en diafragma!, ¡Es demasiado apoyo!, ¡Estás a destiempo!, ¡No se pronuncia así el francés!, ¡Está sonando engolado el sonido!, ¡La voz al frente del escenario!, ¡No se entiende lo que dices!, ¡No se escucha!, ¡No transmites emoción!, ¡Te estás moviendo demasiado!, etc. De eso están hechas las clases: de una serie de correcciones que deben hacerse al alumno para convertirse en los mejores cantantes.

Parece sencillo escuchar a un cantante lograr un aria con soltura, sin embargo, debió dedicar años a entrenar en la emisión del sonido, el fraseo, la respiración, la pronunciación, el apoyo diafragmático y un sinfín de micro acciones que llevan al resultado final: "una bella pieza de no más de 4 minutos de duración".

Si el trainee comprende que absolutamente todos los días deberá afrontar una cantidad de frustración, el entrenamiento será más sencillo porque entiende que equivocarse es parte del proceso de aprendizaje.

Alfredo Kraus, uno de los tenores más importantes de nuestro tiempo, describía en sus clases magistrales que el alumno tiene una prisa natural de terminar la pieza.

El silencio de un calderón tiene una importancia vital en una pieza musical porque le permite al cantante expandir la nota a voluntad, descansar, reponerse y seguir adelante. Si el tiempo destinado a recuperarse lo precipita, el cantante se agotará y correrá el riesgo de tener un quiebre en la voz.

Las voces jóvenes tienen prisa por aprender, por interpretar óperas complejas, ser contratados por compañías, ganar dinero y ser famosos. La prisa de empezar siempre termina en la prisa por finalizar.

El alumno durante el entrenamiento vocal suele también precipitarse en las notas agudas porque aún no domina la técnica del soporte con la columna de aire en la emisión del sonido; le da temor sostener una nota en el registro alto.

El aprendiz confunde constantemente la fuerza que debe emplear para cada nota, y como resultado escuchamos literalmente gritos en lugar de vocalizos con armónicos y sonoridad.

La confianza que debe adquirir el cantante para poder ejecutar una nota aguda con el valor correcto de las notas a la velocidad que marca la partitura sólo puede obtenerse ensayando todos los días.

La carrera del cantante debe afrontarse con una gran base técnica y una enorme paciencia. "El paso nunca debe ser más grande que la pierna", decía Kraus. "Es nuestra responsabilidad no dejarlo avanzar sobre el error, construir una voz requiere de tiempo y retroalimentación".

El aprendizaje de la música es un espejo de las problemáticas a las que se enfrenta un entrenador de ventas, es importante mantener siempre el rigor del método para formar profesionales de primer nivel.

En el mundo de los negocios, la prisa por llegar al resultado y el poco tiempo para entrenar hace que sea necesario dar constante retroalimentación al vendedor. Sin embargo, no todos están abiertos a recibir feedback.

Hace algunos años conocí a Julisa, una gerente de ventas que gritaba a los cuatro vientos: "¡No me gusta la retro!", y créanme que no era soberbia lo que la llevaba a pregonar esa afirmación, era vergüenza lo que se escondía para evitar ser expuesta al error.

Aprender a recibir un feedback abierto fortalece la templanza de abrir una comunicación frontal que se utilizará en muchos momentos frente al prospecto. El feedback no debe ser una elección, ni mucho menos esperar a las condiciones idóneas en el lugar deseado; la retroalimentación se debe dar en el momento. Esta información de cualquier forma será procesada, adoptada o desechada por el alumno.

No hay cabida para la pereza en el entrenamiento. Bajo ningún concepto aceptarás a asesores sin que cumplan con los requisitos básicos del entrenamiento.

Recuerdo que hace algunos años, durante una certificación con Jurgen Klaric, en un seminario expuso y criticó abiertamente la falta de compromiso de los participantes por no haber visto un video de 20 min que se asignó como actividad previa al día dos de entrenamiento.

La tarea era sumamente simple; varios participantes decidieron no hacerlo y decidieron darle prioridad a cientos de situaciones. La falta de aprendizaje no tiene nada que ver con el desarrollo de habilidades, sino con la falta de compromiso, interés o capacidad de hacer una tarea sencilla.

Algunos participantes se sintieron enojados y humillados por el expositor y centraron su atención en "las formas" del feedback. Siendo responsables, es innegable que aun cuando la retro hubiera sido con amor y dulzura, el resultado era el mismo: no cumplieron con la actividad. Si debían estar enojados con alguien, era con ellos mismos por no cumplir la tarea de autoaprendizaje.

Hoy en día es común observar como la victimización trata de delegar en otros la carencia de competencia y compromiso por cumplir una tarea. El entrenador debe ser claro con las expectativas de lo que espera que el trainer haga en todo momento.

Skill Builders es una metodología que no aplica sólo para ventas; es transversal para cualquier profesional que desea desarrollar a otros.

En las empresas, la implementación ha sido de mucha utilidad en el área de cobranza, retención de clientes, postventa, recuperación de cartera, incluso en reclutamiento, desvinculaciones, servicio y cientos de áreas en donde el comportamiento humano debe ser entrenado para logar el mejor resultado.

¿Cómo armar la sesión de Skill Builders?

Paso 1 - Asignación de tareas previas

El trainer debe establecer los requisitos de ingreso a Skill Builders acorde a la habilidad por desarrollar. Para efectos prácticos, en este ejemplo nos centraremos en habilidad de ventas.

Previamente, el asesor debió recibir capacitación en el proceso de venta acreditando su dominio al 100%. Después, se deben asignar guiones de cada paso de la venta para ser memorizado a la letra. La razón es simple: si cada que vas a desarrollar la habilidad (en un role play) cambias las palabras, los ejemplos y las objeciones, no podrás desarrollar nada porque no hay una base fija para replicar el comportamiento.

El entrenador debe evaluar, con el texto en mano, que esté memorizado el guion. Finalmente, se debe contar con una batería de preguntas de venta escritas y memorizadas.

Paso 2 – Estructura de la sesión

El entrenador dividirá las sesiones de Skill Builders en niveles acordes a la experiencia del trainee e impartirá sesiones sobre las necesidades detectadas.

Nivel básico: Nunca han tenido una sesión de Skill Builders del tema a desarrollar. Se entrenará el proceso básico de una venta sin objeciones.

Intermedio: El trainee domina el proceso básico de venta y será entrenado en manejo de objeciones delimitadas.

Avanzada: El trainee es capaz de demostrar técnicamente el proceso básico de venta y manejar objeciones múltiples.

Experto: El trainee es evaluado en campo y recibe feedback.

Master: El trainee se transforma en trainer.

Nunca se avanza entre un nivel y otro sin garantizar que puede ejecutar al pie de la letra cada nivel.

Instrucciones del Nivel básico

5 pasos para el desarrollo de la sesión:

1.- Explicación general del objetivo de la sesión y habilidad a desarrollar.

2.- Se recapitula en breves minutos el marco teórico. Absolutamente todo lo que se va a presentar en el primer ejercicio debe estar por escrito. El trainer y el asesor, en todo momento, podrán usarlo y hacer referencia del material. No pueden cambiar nada, no se debe improvisar, innovar o inventar situaciones que no estén en papel, ya que de otra forma nunca podrá replicarse una habilidad si todo el tiempo se trabaja bajo distintos supuestos.

3.- El entrenador modelará el comportamiento ideal de un vendedor en una entrevista, es decir, en donde el cliente está convencido del querer escuchar sobre el producto. La persona que hace el papel del cliente no pondrá objeciones y permitirá avanzar hasta firmar el contrato.

El trainer debe modelar, a través de un role play todos los comportamientos que espera se repliquen. La demostración debe tener señalado el lenguaje verbal a usar, es decir, el texto que se debe mencionar (guion, la batería de preguntas o la presentación); lenguaje corporal, debe demostrar exactamente que movimientos debe hacer mientras presenta; y el paralenguaje, debe servir como paraguas de las emociones que necesita expresar.

En este modelamiento no puede haber objeciones, lo que se pretende es que el asesor observe un proceso simple.

Una vez terminada la demostración, el trainer debe preguntar a los alumnos: ¿Qué es lo que se observaron? La ronda de preguntas debe orientarse a que los alumnos observen que se sigue al pie de la letra un guion, un proceso de la venta (un orden lógico y natural que está documentado).

También deben explorarse los comportamientos físicos que mostró el entrenador, la modulación de la voz, la cronometrización del tiempo que se invierte en cada parte del proceso de la venta y, sobre todo, la naturalidad con que se sigue al pie de la letra el guion.

4.- El entrenador solicita a un asesor la demostración del proceso. Bajo ningún concepto otro asesor puede jugar el rol de prospecto, el entrenador es el cliente y responde afirmativamente las preguntas que se realicen con el objetivo de mostrar el comportamiento ideal del proceso de la venta, a esto le llamamos el "happy path".

Aunque es un escenario irreal, sirve como simulador de práctica de comportamientos del asesor. Eventualmente se practicará en escenarios más complejos.

Es completamente natural que el asesor falle al intentar desempeñar el ejercicio. El trainer debe asegurarse que el asesor comprenda que se trata de una práctica y que el objetivo es justo ese, que se equivoque en un escenario controlado y que pueda mejorar después de la retroalimentación.

Una vez que el asesor hace su demostración, recibirá su primera retroalimentación directa sobre el apego al proceso y al guion.

Se repetirá el ejercicio después del feedback. Esta vez, el entrenador no permitirá que avance en el ejercicio si hay cualquier error en la ejecución. Cada que se equivoque, debe volver a empezar. Si titubea, puedes ayudarlo indicándole alguna frase o pregunta que lo ayude a recordar el proceso, sin embargo, debe empezar el proceso nuevamente desde el inicio.

Nunca avanzas sobre el error, y continuarán intentándolo hasta que el comportamiento se pueda replicar una y otra vez.

Cada vez que se repite el ejercicio se debe dar retroalimentación sobre el apego al proceso y sobre sus comportamientos (postura, gesticulación y su paralenguaje). En muchos casos tendrás que hacer pequeñas pausas para hacer ejercicios que ayude a mejorar otros aspectos más allá del proceso de venta.

A veces, tendrás un asesor que tiene un volumen de voz demasiado bajo y deberás hacer un ejercicio para mejorar este aspecto, debe ser concreto, de fácil ejecución y de alto impacto. Este ejercicio impactará eventualmente en el desempeño de la entrevista. Sólo cambias de participante del role play cuando has observado una mejora dentro de algún bloque del proceso de venta.

Cada parte del proceso de venta es un bloque en el que puedes profundizar con Skill Builders dirigidos a esos temas porque algunos rubros requieren más práctica que otros.

Existen temas de la venta como el perfilamiento del cliente en donde el contenido es tan basto que puedes requerir una o varias sesiones de Skill Builders sólo para este tema.

5.- Una vez que concluyas con los ejercicios, cierras la sesión con feedback general. En esta retroalimentación, debes dejar ejercicios específicos para mejorar las habilidades a desarrollar detectadas. Por ejemplo, practicar la sonrisa frente al cliente, mejorar la dicción para ser claro con el mensaje, etc.

Es importante que mientras observas el role play tomes nota de cada participante para ir diseñando ejercicios personalizados y medir avances entre sesiones.

Vale la pena que grabes las primeras sesiones para comparar el desempeño después de Skill Builders. Asimismo, debes diseñar rubros sumamente específicos para que los alumnos puedan acreditar el primer nivel de Skill Builders.

Reglas del role play nivel básico

- Sólo se practica 1 escenario a la vez.
- Se practica cuando el guion está memorizado.
- Objetivos claros y entrenamiento por rubro.
- Una habilidad por sesión, es decir, un bloque del proceso de venta.
- Nunca practican entre ellos.
- Jamás usan objeciones no vistas.
- El objetivo no es ponerse insoportable con objeciones que no han sido revisadas.
- No platiques, demuéstralo.
- No escenarios complejos.
- No entrevistas múltiples.
- Cumplir las reglas de la entrevista (están en el capítulo tres).
- El entrenador es el único que puede dar retroalimentación.

Intermedio - Trabajo inicial de objeciones simples

Una vez que aprueba el nivel básico, deberás establecer únicamente tres objeciones dentro del proceso de la venta con sus respectivas respuestas. El proceso es el mismo del Skill Builders, inicial con los 5 pasos. Se debe impartir una breve capacitación del contexto de la objeción. Se deberá diseñar y memorizar previamente el manejo de objeciones resuelto para asistir al Skill Builders intermedio.

Es importante limitar a tres objeciones que sean comunes y que no requieran de mayor exploración; de lo contrario, tendrás que realizar una sesión especializada de capacitación y una de Skill Builders sólo para esa objeción.

Al alumno jamás se le delega que investigue las objeciones; deben extraerse de la data que arroja CRM o el sistema en donde se registran los rechazos de las ventas o tendrás la típica objeción que todos inventan, pero en la realidad a nadie se la dicen o el porcentaje de veces que sucede es minúsculo.

A diferencia de la sesión básica de Skill Builders, nos centraremos únicamente en hacer role play de las objeciones; no es necesario correr todo el proceso de la venta. De manera aleatoria, el entrenador dictará una objeción a un participante y a otro, hasta que sean capaces de responder automáticamente cada una de ellas.

Sesión a sesión, podrás incrementar las objeciones hasta acumular 10, y cada una puede tener 3 o 4 formas de responderse. El entrenador debe establecer la métrica para acreditar este nivel; lo más común es grabar al asesor y evaluar a través de una matriz de calidad mientras responde a múltiples objeciones.

Avanzado - Manejo de objeciones múltiples

Para poder iniciar con este nivel, el asesor debe presentar un role play con las tres objeciones estudiadas, aprendidas y practicadas en los Skill Builders anteriores. Únicamente podrá entrar a esta sesión siempre y cuando sea capaz de demostrar que puede replicar el modelo completo con las objeciones aprendidas.

En este nivel, la premisa es trabajar con perfiles de clientes; es decir, practicarás con personalidades ficticias acordes a los tipos de prospectos que tiene tu industria. En ocasiones, deberás practicar con entrevistas múltiples, donde se interactúa con el tomador de decisiones, el consumidor o el que decisor económico.

Por ejemplo, en el sector educativo el hijo elije una escuela mientras evalúa el ambiente estudiantil o las instalaciones; la madre examina el producto, la calidad, la seguridad; y el padre pone en perspectiva financiera las opciones económicas acordes a su presupuesto.

Se recomienda previamente haber definido e instruido a los participantes en los perfiles y establecer preguntas generales que hacen estos consumidores. El entrenador debe utilizar la metodología de casos para cada una de las sesiones y debe correrse un ejercicio por sesión por participante. De hecho, esta es la parte más robusta de Skill Builders, porque profesionaliza completamente al vendedor en todos los escenarios que puede afrontar.

Durante la sesión, las objeciones son múltiples y pueden incluso improvisarse por parte del entrenador, de acuerdo con la lógica del ejercicio. En estos escenarios, el vendedor debe conocer a la competencia de su producto, así que debió recibir previamente una sesión de capacitación para poder establecer escenarios durante las sesiones.

Otra práctica en este nivel es hacer role play con nombres reales de la lista de prospectos por visitar. El asesor previamente explicará quién es el cliente que visitará y las posibles objeciones que asume podrían presentarse, sin perder de vista que lo que se pretende es practicar y disminuir el riesgo frente a un escenario real.

Definitivamente, en este nivel, el asesor puede practicar role play con otro participante y podrá utilizar cualquier tipo de objeción, siempre y cuando sea lógica para el caso que se está evaluando. El trainer podrá suspender en cualquier momento una objeción fuera de lugar.

Las retroalimentaciones son mucho más profundas porque se cuestiona al vendedor sobre su desempeño, el del cliente y el del ejercicio. El entrenador complementará la retroalimentación asignando tareas para mejorar. En este nivel, debe evaluarse absolutamente todo el proceso de venta: llamadas, citas de venta, citas de prospección, citas de cierre de la venta o de servicio y validación al cliente.

Para acreditar este nivel, el asesor deberá demostrar, a través de un video, todo el proceso de venta con objeciones y perfiles de clientes revisados en las sesiones. Recibirá la aprobación del entrenador y de al menos un responsable de ventas (gerente, director).

Algunas compañías usan este método para certificar a sus vendedores, dando comisiones o bonos diferenciados por saber usar el modelo de venta propuesto por la organización.

Experto - El trainee es evaluado y recibe feedback en campo

El vendedor reservará un día completo con el entrenador con el objetivo de observar todo el proceso de venta y la forma en que se desempeña en escenarios reales. Cuando se hace trabajo de evaluación en campo, no se está observando únicamente lo que se hace, sino lo que el asesor realiza cuando algo no salió como él lo esperaba.

Por ejemplo, en la cancelación de citas: ¿Qué es lo que hace el asesor durante todo ese tiempo? El entrenador se enfocará en validar sus habilidades y revisar cómo resuelve la adversidad mientras se mantiene concentrado en el objetivo del día.

En este rubro, el trainer deberá evitar a toda costa corregir durante la marcha o dar recomendaciones durante el día. Debe esperar a que termine el día para tener una evaluación integral. Tampoco debe intervenir en la venta; únicamente observar y permitir que el asesor desempeñe su trabajo. Es difícil para muchos dejar que los demás aprendan a costa de un cliente, pero es necesario que el asesor comprenda el impacto de sus acciones en cada instante de la venta.

La retroalimentación se da al final del día y a diferencia de los otros niveles de Skill Builders, sí debe dar recomendaciones basadas en la experiencia sobre las situaciones que ocurridas. Es aquí donde el entrenador comienza su rol de coach y mentor.

El entrenador también deberá agendar momentos para hacer la demostración del proceso de la venta en la vida real;

es decir, mostrar cómo se hace con clientes reales. Es indispensable que el entrenador se apegue al modelo y al método impartido en las sesiones o Skill Builders perderá toda la credibilidad. No tendría sentido haber cursado niveles de Skill Builders si no pueden llevarse a la práctica en la vida real.

La validación del proceso es fundamental porque permite asegurar que las habilidades han sido adquiridas e implementadas en campo. En esta etapa, el asesor es observado en tiempo real con un prospecto de verdad, en situaciones totalmente verídicas que vivirá día a día.

El entrenador debe aplicar los métodos de evaluación específicos que permitan garantizar que se siguió el modelo, pero que además le permita resolver nuevos escenarios a través de la retroalimentación.

En esencia, todos los profesionales de venta debemos ser capaces de validar la ejecución del proceso comercial. Es sumamente común que un director comercial dé una instrucción sobre cómo llevar a cabo la estrategia; sin embargo, al hablar con un asesor, se da cuenta que la idea original está totalmente distorsionada, que no ha permeado y que ni siquiera puede verbalizarse correctamente.

El aseguramiento es crucial para hacer de un proceso una cultura. Los directores de venta tenemos que estar en campo con la fuerza de ventas.

Este nivel sólo se acredita con el visto bueno de un entrenador certificado y un número definido de horas frente a prospectos. Las mejoras en la tasa de conversión son un buen indicador para medir el impacto del entrenamiento; por ello, es importante medir el antes y el después del entrenamiento.

Master - El trainee se convierte en trainer

Este es el nivel más alto en Skill Builders, es exclusivo para los que pretenden desarrollar a otros. Una vez que se han acreditado todos los cursos formativos, así como los niveles previos de Skill Builders, haber tenido al menos 100 horas de práctica frente a prospectos y contar con los conocimientos sobre desarrollo de vendedores que vimos en el capítulo anterior.

Un master deberá haber observado al menos 3 sesiones de cada nivel para aprender la metodología e ir adoptando el modelo. La primera vez que cursó una sesión de Skill Builders lo hizo como estudiante; ahora debe observarla cómo futuro entrenador, hacer notas sobre los comportamientos de los estudiantes y del propio formador que imparte la sesión para ir trazando la ruta de instrucción.

Adicionalmente, deberá tener un mentor que evalúe sus sesiones y pueda dar recomendaciones y directrices para el desarrollo de los vendedores. Para obtener la licencia de master en entrenamiento, necesariamente debió haber sido observado y evaluado como formador en cada uno de los niveles.

Entrenadores novatos

Es natural que los asesores tengan resistencia a ser desarrollados por entrenadores nuevos. Aunque los trainers tienen conocimiento técnico certificado, sólo con el transcurso de los años irán adquiriendo experiencia para resolver diferentes tipos de problemáticas.

Independientemente de su antigüedad, los trainers compartimos problemáticas similares al momento de desarrollar asesores. Es fundamental comunicar las expectativas de lo que va a suceder mientras desarrollamos a un asesor para evitar estrés o fricciones innecesarias al momento de hacer los acompañamientos.

El trainer no lo sabe todo

El trainee buscará probar que la persona a la que delega su aprendizaje verdaderamente es un experto. Los asesores se refugiarán en la experiencia del entrenador y pensarán: "si va mal la entrevista, el entrenador salvará la sesión", pero no es así. Debes dejar clara la expectativa cuando vas a observar o a demostrar una venta.

Es importante hacerle saber también anticipadamente al asesor que habrá cientos de situaciones que sucederán y que no podrán resolverse en el momento. Por ejemplo, una contra oferta: ¿cómo actúas?, ¿qué dices? Sólo la experiencia de estar en campo te permitirá ir resolviendo temas que a veces pueden escaparse del entrenamiento.

Los entrenadores no son infalibles

Otro de los momentos en que el alumno desconfiará del entrenador es cuando, durante una demostración de venta, no logra el cierre de venta. El entrenador le dará una de las mayores lecciones que no se pueden aprender en el aula: seguir adelante después del rechazo.

Absolutamente todos hemos sido rechazados en ventas; sin embargo, está poco normalizado y practicado lo que es inevitable y que sucederá más de lo que quisiéramos. Debemos enseñar a ser rechazados una y otra vez, nuestros prospectos no estarán de acuerdo cientos de veces en comprar cuando nosotros queremos. Lo importante es reponerse rápidamente y tener más prospectos.

La frase "Victorias cortas, derrotas cortas" describe la mejor forma de afrontar los altibajos que enfrentará un asesor en su carrera. Es igual de perjudicial un asesor que vendió un gran negocio y deja de producir por vivir repetidamente la emoción de haber cerrado ese negocio (exceso de celebración), que el que se deprime por ser rechazado en un negocio que parecía prometedor. Debe recuperarse rápidamente de ambos.

El ciclo del éxito se completa cuando hay fracaso y se puede contrastar con los objetivos alcanzados. El vendedor vivirá siempre entre emociones cambiantes que deberá administrar todo el tiempo mientras mantiene su mente en la meta.

No harán el trabajo del vendedor

Cuando un entrenador hace demostraciones en campo, es sumamente común que, al tener éxito, el trainee quiera siempre ser acompañado y que el entrenador haga el trabajo por él, con la excusa de "querer seguir aprendiendo y observando". Dicho de otra manera: "Tu cierras por mí, yo gano la comisión".

El hábito de observar se vuelve estéril si no se sabe lo que se quiere observar o si el observador no ejecuta lo que observa a la perfección. Aunque para el entrenador puede ser muy tentador ser el protagonista y demostrar que es el mejor cerrador, debe orillar a que el trainee ejecute en la vida real lo aprendido, de otra forma jamás será autónomo.

No le gusta que lo acompañen

A ningún asesor le resulta cómodo ser acompañado por alguien con más experiencia para ser únicamente observado. La mayoría de los vendedores piensan que el entrenador los ayudará "si algo se traba". En un ejercicio honesto de desarrollo de habilidades, bajo ningún motivo se debe intervenir.

El trainer está haciendo una evaluación de su desempeño y creará un diagnóstico para identificar lo que tiene que mejorar. Es idéntico a un dictamen médico: el paciente no puede ni debe ocultar los síntomas y el médico debe hacer la exploración física y aplicar los exámenes suficientes para determinar el tratamiento.

Normalmente, después de la observación, los vendedores excusan sus errores en los nervios de ser observados, aunque, en esencia ese temor es falta de práctica.

Algunos vendedores dirán que sí hacen todo el proceso cuando no está nadie presente (seguramente en su mente donde nadie más puede validar que realmente sucede) o que en el role play sí acostumbran a seguirlo, pero que "adaptan el proceso" (ya hemos hablado de ese tema: si un asesor no replica el proceso es imposible mejorarlo).

En ocasiones, el rechazo a ser acompañado proviene de la retroalimentación que se da al final de la observación. Es un hecho que muchas personas no quieren recibir feedback, pero "debes ser tan bueno dando retroalimentación que los mismos vendedores te la pidan".

Cuando acudes con un doctor que genera toda la confianza para que compartas tu situación, el médico está totalmente preparado y calificado para atender todo tipo dudas; cuenta con la experiencia para prescribir un tratamiento que mejorará los síntomas. Con el tiempo, sus pacientes van confiando por los resultados de sus recomendaciones para resolver sus problemas.

En algunas organizaciones, hacer observaciones en campo a los asesores no es opcional independientemente de que el asesor quiera o no ser desarrollado. Entonces ¿qué hacer si un asesor se niega a ser acompañado o a seguir el método?, ¿si decide ejecutar algo diferente a lo instruido debemos dejarlo fracasar para que pueda aprender?

El entrenador sabe que equivocarse es parte fundamental de mejorar. El fracaso es parte del éxito, y el trainee debe entender que, perdiendo, también se gana. Los golpes profesionales al perder una venta hacen que el alumno obtenga aprendizajes invaluables.

Habilidades paralelas a Skill Builders

El interior del vendedor

En Skill Builders, el entrenador modifica comportamientos de la venta a través de la repetición. Si bien, las habilidades comerciales alcanzarán un nivel óptimo con la práctica, ¿por qué hay vendedores perfectamente entrenados que fracasan cuando concluyen el entrenamiento?

Algunos directores de venta pensarán que el entrenamiento falló y sugerirán más acompañamientos. Sin embargo, es importantísimo considerar que la mente del asesor también debe ser entrenada. Muy pocas veces observamos en los temarios de formación ejercicios que ayuden al trainee a mejorar su percepción sobre el éxito y las emociones que provoca. El trabajo psicológico es fundamental para el aprovechamiento del entrenamiento.

Como entrenadores, podemos otorgar herramientas básicas desde el primer día para que los nuevos asesores desarrollen de manera paralela sus habilidades y su mentalidad. Las bases para desarrollar su mentalidad son: Imagen de ventas, dominio de sus emociones, enfoque, visualización.

Imagen de ventas

En 1948 rondaba un libro en la extinta Unión Soviética que sería un parteaguas para el teatro moderno: "La construcción del personaje", de Stanislavski. Junto con su obra antecesora, "Un actor se prepara" (1936), sentó las bases no solo para crear personajes ficticios de la literatura, sino que creó una guía concreta de como deconstruir la personalidad del actor para moldear la personalidad y adaptarla a un nuevo ser.

Para construir nuestra imagen de ventas, podemos tomar como base el método de Stanislavski, porque permite interiorizar ese nuevo tipo de vendedor que queremos ser: dibujar sus comportamientos, su corporalidad y mentalidad.

Este ejercicio es tan poderoso que incluso algunos actores han perdido la noción de su propia personalidad porque el personaje creado es más poderoso que ellos mismos. Si queremos que la imagen del vendedor exitoso sea realidad, quizás debamos darle paso a ese nuevo personaje con características que la personalidad del asesor novato no tiene y quizás nunca había considerado tener.

Hace algunos años conocí un contact center donde, para mitigar las inseguridades de los vendedores, les pedían crear un avatar con todas las cualidades y virtudes que ellos no tenían en la vida real. El proceso creativo de construcción del personaje abarcaba casi todos los aspectos del mundo real: familia, amigos, metas a futuro.

La empresa además de fomentar la creación de una imagen de venta los ayudaba a que esa personalidad se volviera realidad a través comunicación interna en donde se le conocía al vendedor por su nueva personalidad.

Para poder crear la imagen de vendedor exitoso, es necesario pincelar cada detalle de su personalidad, incluso cómo respondería a estímulos que pudieran presentarse en el proceso de la venta. Por ejemplo, ¿cómo se comporta un asesor exitoso en los negocios?, ¿cómo reacciona el mejor vendedor a los rechazos?, ¿cómo reacciona un vendedor top ante la falta de ventas?, ¿cómo qué tipo de vendedor quieres ser percibido? y finalmente ¿cómo te imaginas que se ve un asesor exitoso?

Joe Girard tenía claro que su aspecto debía ser impoluto. En todo momento su imagen debía expresar lo que quería transmitir. Entendía que su vida misma era parte de su marca. Hacía sentir a sus clientes importantes. Nunca engañaba a nadie y creía que era el mejor, es decir, era capaz de venderse así mismo.

Por otro lado, si observamos a grandes expositores de las ventas como Tonny Robbins o a Grand Cardone, su imagen es parte de su marca personal, ellos no hablan sólo de ventas, demuestran todo un estilo de vida alrededor de su metodología de ventas. Su imagen es tan poderosa que es capaz de generar confianza para poder traducirla en dinero.

Dominio de sus emociones

El trainee debe poseer la capacidad de acceder a sus emociones para poder manifestarlas en su tono de voz y en su lenguaje facial con el objetivo de llevar al prospecto a una experiencia emotiva al momento de la compra.

El vendedor, al ser tan emocional, tiende a desenfocarse en la venta y sumergirse en los sentimientos, e incluso mimetizarse tanto con el prospecto que termina aceptando las objeciones del posible cliente. Por eso es tan importante observar al asesor en acción.

La fortaleza, el tesón, el valor, la concentración, la templanza y la voluntad también deben enseñarse al vendedor para poder afrontar los innumerables retos que tendrá en el día a día, desde prospectos amables hasta los que pueden ser groseros y lascivos hacia el producto, o incluso hacia el mismo vendedor.

La administración de las emociones es muy importante porque una entrevista de ventas que termina mal puede tirar todo el trabajo técnico bien hecho porque el asesor se desincentiva y se entristece.

Una entrevista atravesará por diferentes emociones. Por ejemplo, al inicio de la sesión, normalmente el volumen de la voz es alto, el asesor sonríe, es efusivo y agradece por la reunión. A medida que avanza, la entrevista pasa a la demostración: el vendedor hace innumerables preguntas para provocar la necesidad.

Finalmente, en el cierre de la venta la conversación es más íntima, con un volumen de voz mucho más reducido, pausas y silencios para que el comprador pueda analizar la propuesta y dar pie a preguntas. En la firma del contrato, la corporalidad es firme y con voz determinante para demostrar la seriedad de la transacción. Tener acceso a las emociones permite hacer una presentación más humana, honesta y profesional.

Enfoque

El Muay Thai es una disciplina que, según los tailandeses, prepara para el combate en una competencia o para la vida porque inevitablemente esta última, vaya que te golpeará.

Los practicantes de las artes marciales nos enseñan que viviremos a lo largo de nuestra existencia impactos físicos y emocionales que nos retan a sacar lo mejor de nosotros mismos.

El dolor que ellos experimentan durante un combate sólo puede soportarse manteniéndose enfocados totalmente en el objetivo. A través de un entrenamiento riguroso basado en tres sencillos ejes logran que sus aprendices mantengan su mente en la meta: Respiración, Ritmo y Precisión.

La respiración permite mantenerse tranquilo y concentrado en el objetivo. El dolor existe, pero los peleadores no tiene tiempo de pensar, deben ejecutar estratégicamente alguno de sus 8 golpes base. El ritmo es la administración de la energía durante la pelea porque no puede gastar toda su energía en los primeros minutos del combate. Debes dosificar defensa, ataque y recuperación al mismo tiempo.

El atleta debe ser capaz de ejecutar con precisión los golpes al oponente para derribar su voluntad y su defensa, incluso si su ceja se ha desgarrado y está sangrando.

¿Cómo puede seguir peleando sin ver? Porque ha entrenado por mucho tiempo y su mente está orientada al resultado todo el tiempo. El peleador ha incorporado a su rutina herramientas como el palo de reacción que le permite practicar con los ojos vendados para predecir el ataque del oponente.

Durante el entrenamiento ha aprendido a observar a su contrincante detalladamente, analizar sus movimientos y anticiparse a golpear con una defensa de hierro que debe proveerle una protección contra los ataques de su oponente.

En un torneo, el peleador no puede distraerse con el público, las luces o temas de índole personal, su mente está enfocada en ganar.

La práctica de combate amistoso es fundamental para aprender a dosificar la energía de la pelea. Estar expuesto a diferentes contrincantes le permite entender la psicología del combate desde la perspectiva del ataque y defensa. Los entrenamientos en el gimnasio ejercitan su concentración y enfoque frente a los gritos de sus compañeros y su propio entrenador.

El entrenamiento puede durar años antes de estar en un estadio, el atleta debió experimentar derrotas, victorias, sangre, sudor y muchas lágrimas antes de convertirse en campeón.

Durante una venta no es muy diferente. Difícilmente habrá sangre de por medio, pero todo lo demás seguro lo experimentará.

Durante la entrevista de venta como en el Muay Thai, el trainee debe mantener la calma, concentrarse en respirar y dejar hablar al prospecto, administrar su energía en cada etapa de la presentación, mantener el foco en el objetivo y por supuesto, haber entrenado tantas veces como sea necesario para que pueda hacer una venta incluso con los ojos cerrados.

Visualización

Para poder anclar una meta en la mente del vendedor y evitar que la revisión de los avances sea fría e impersonal, es indispensable visualizar el fruto de ganar una comisión.

El vendedor debe ser capaz de traducir en una imagen mental lo que significa alcanzar el bono del mes. Estos ejercicios son profundos porqué implican introspectar y descubrir los sentimientos que detonará llegar al objetivo.

A través de la imaginación se dará un rostro, un color o una textura para materializar el objetivo que se desea alcanzar. Un ejercicio que puede ayudar en la visualización es la creación de un collage con las imágenes de lo que quiere obtener. Puede ser a través de dibujos o recortes de imágenes de lo que desea lograr.

Eventualmente ese collage estará presente en un lugar visible para que el trainee pueda ver todo el tiempo. Al crearlo y contemplarlo diariamente se llegará a memorizar cada imagen, cada trazo y cada concepto que se creó.

En la parte trasera del collage escribirá: "Aplicaré todas mis habilidades y conocimientos para poder llegar a mis objetivos", seguido de las fortalezas que tiene para conseguirlo, por ejemplo "tenacidad, inteligencia, etc.".

Esta afirmación se verbalizará todos los días como si fuera un mantra. Deberá recitar lo que escribió frente a su collage. Este ejercicio es un anclaje para fijar en la mente del vendedor la seguridad de que cuenta con las habilidades y que no importan los obstáculos, aplicará todos sus conocimientos y habilidades para logarlo.

Muchos vendedores se enfrascan en una mala racha de ventas y quieren desistir. A veces los novatos tardan en arrancar con el ritmo que quisieran y comienzan a dudar de sus capacidades para dedicarse a las ventas.

Para mantener la mente enfocada en el logro de objetivos, el asesor deberá tener una pequeña libreta en donde escribirá las ventas que tuvo, la emoción que le provocó y las habilidades que empleó cerrar el negocio.

La lectura repetida de sus éxitos le permitirá apartar los pensamientos negativos. El objetivo es llevar a la mente a estados de posibilidad y mitigar las creencias limitantes como: "no soy tan bueno", "me falta práctica", etc.

Algunas empresas hacen pequeños rituales al inicio del día o del mes para incentivar el optimismo en el equipo. Algunos hacen una porra, bailan, cantan el himno de la empresa, hacen el grito de guerra de la fuerza de ventas o simplemente comparten buenas prácticas para mantener en la mente de los vendedores la identidad de equipo ganador.

Hábitos de venta

Respecto al tema de hábitos, es fundamental que el asesor tenga disciplina inquebrantable para alcanzar sus objetivos. Diariamente el trainee debe tener una rutina de venta: prospectar, llamar, vender, pedir referidos.

El asesor debe tener un arranque diario con su manager y hacer un repaso de sus objetivos del día para llegar a la meta de ventas, de actividad y de ingreso económico. La disciplina siempre estará para cuando no exista la motivación de hacer alguna actividad. Ante la menor sospecha de falta de disciplina, se tendrá que evaluar al asesor y determinar si realmente está comprometido.

Los asesores indisciplinados tarde o temprano están condenados a cambiar de productos una y otra vez porque en ninguna compañía encuentran la fórmula mágica del éxito, porque en todos los casos, el resultado depende 100% de ellos.

Concentración: el inicio de todo

El trainee confía en las habilidades del entrenador para instruirle, aunque en muchas ocasiones es codependiente de la aprobación del coach, lo que ocasiona que el vendedor se desconcentre y falle al momento de ejecutar en un ejercicio, incluso durante una observación con un cliente real.

Mientras estaba en una presentación de gimnasia olímpica, observaba el magnífico trabajo que hacían los instructores con pequeños de apenas 3 y 5 años.

Los instructores los acompañaban a un lado de las colchonetas para animar la ejecución, cuidar que en todo momento estuvieran seguros al hacer los movimientos físicos.

También observaba a los pequeños atletas dando su mejor esfuerzo, incluso, algunos con demasiada energía trataban de terminar la actividad; otros tomaban su tiempo por la dificultad; siempre que había un problema, el instructor se acercaba y los ayudaba de la mano a terminar el ejercicio.

En la ronda de los niños de 6 a 8 años, en el ejercicio de la viga, comencé a observar diferencias entre la ejecución de algunos participantes. Básicamente radicaba en que, ante la duda de dar el siguiente paso, el niño se detenía y volteaba a mirar al instructor lo que le hacía perder el equilibrio y caer.

El instructor no le había enseñado a seguir las instrucciones aún sin el contacto visual, como si sucede en la música y la danza, en donde la atención en los estímulos auditivos está totalmente desarrollada.

Algunos niños estaban perfectamente concentrados, pero se escuchaba en el fondo el grito un padre entre el público: "¡Vamos campeón!", el gimnasta trataba de seguir el ejercicio mientras volteaba al público tratando de identificar a su papá. El resultado: caía de la viga.

En la ronda final había un par de niñas que respiraban previamente, tomaban su tiempo para tranquilizarse, escuchaban a su instructor sin siquiera parpadear y lograban un salto espectacular.

No importaban los aplausos, los gritos o la euforia de haber logrado una gran acrobacia. Siempre mantenían la concentración y sólo hasta que terminaba su ronda agradecían con una gran sonrisa de haber logrado una excelente rutina.

Los vendedores atraviesan exactamente por las mismas dificultades, se emocionan y pierden la concentración divagando en conversaciones sin rumbo con la autojustificación que están haciendo "raport".

Sucede todo el tiempo frente a sus clientes, miran el celular una y otra vez, dispersos y distraídos. Miran el reloj, la pared o empiezan a observar cualquier detalle físico del prospecto mientras su mente viaja desconectada totalmente de la conversación. Gastan tiempo y energía en actividades que los alejan de la venta por escuchar los aplausos de amigos o jefes que los felicitan por un resultado efímero alimentándose de glorias pasadas y éxitos furtivos.

La mente juega un papel muy importante y la forma de usarla a favor es gobernando los pensamientos que se emiten. A veces, los trainees llenan sus pensamientos de temores infundados o de infinitas probabilidades en donde todas ellas terminan en grandes tragedias épicas. No es verdad que son involuntarios: son entrenados, aprendidos y aceptados.

Cuando gobiernas tu mente, aceptas que hay probabilidades de éxito y de fracaso. Tus pensamientos los vas moldeando de tal forma que cada que hay un atisbo de duda debe ser acallado y sustituido. Vaciar la mente de las voces internas de los aplausos o tragedias externas sólo se logra con concentración.

La concentración requiere energía, así que no puede lograrse si estás cansado o con un desgaste energético como haber hecho una comida copiosa. También necesitas fuerza y voluntad para dominar tu concentración.

Aquí van algunos ejercicios que pueden ayudar a tus vendedores a mejorar este aspecto tan importante de la venta:

1.- Yoga es una excelente disciplina para mejorar la concentración a través de la respiración y la meditación. Se requiere energía, fuerza y voluntad para alcanzar el equilibrio. Al tratar de hacer ejercicios como "árbol de navidad", el trainee necesitará voluntad para intentarlo una y otra vez, fuerza para sostener su cuerpo en un sólo pie y energía para aguantar en la posición el tiempo que sea necesario.

Los ejercicios de equilibrio ayudan a mantener la tensión y la concentración de cualquier persona. Aunque parezcan fáciles, no existen ejercicios sencillos de estabilización.

2.- Escucha grabaciones o audiolibros. ¿Has notado que los analistas de calidad de un call center terminan agotados? La razón es que están sumamente concentrados analizando las conversaciones y se requiere un alto grado de atención en el detalle de lo que sucede en la llamada.

Muchas personas no se sienten cómodas en la escucha de libros digitales porque se distraen fácilmente. Algunos creen que es un sonido de fondo que los acompañará en el tráfico.

Los audiolibros pudieran parecer que ayudan a optimizar el tiempo, pero sólo cuando estás tomando notas de lo que escuchas puedes aprender mejor. Una de las ventajas de usar este método es que te obligas a poner atención auditiva.

3.- La lectura no está reservada a los intelectuales o personas con un alto IQ. Es un hábito de concentración. Leer es abstraer y enfocar los sentidos en un ejercicio que sólo sucede en tu mente, esa es la razón por la que a muchas personas les cuesta trabajo.

Hay una gran cantidad de información que debe excluirse de los estímulos externos mientras tratas de entender algo que sucede en un texto, y que te lleva a imaginar situaciones que suceden a través de la lectura.

Para ejercitar la atención en la lectura, haz pequeñas preguntas sobre lo que vas aprendiendo mientras lees.

4.- Matemáticas. El razonamiento abstracto, además de mejorar la concentración, obliga a la mente a ordenar información de forma lógica, seguir procedimientos, analizar datos y llegar a conclusiones.

Para desarrollar al vendedor se puede empezar con operaciones sencillas como reglas de tres, porcentajes, hasta llegar a proyecciones de rendimiento, de retorno de inversión u otras que sean útiles a la venta.

5.- El deporte y el arte en cualquiera de sus disciplinas añaden una bomba de hormonas de placer, satisfacción, emoción y logran hacer que los practicantes presten atención al detalle, se concentren y se orienten en metas a corto y largo plazo.

No es casualidad que cuando conversas con un vendedor exitoso resulta ser un gran atleta, músico, asiduo lector y, en casi todos los casos, sean buenos haciendo números para las ventas con sus clientes.

El futuro de la capacitación

Tecnología aplicada a capacitación

La tecnología en el desarrollo de habilidades de venta debe considerarse como una opción indispensable en la formación de vendedores experimentados y, sobre todo para identificar los factores de éxito de tu organización.

Una de las implicaciones de utilizar tecnología es que normalmente el gerente de ventas se da cuenta que su equipo está menos calificado de lo que pensaba.

Es sorprendente que con esas áreas de oportunidad puede haber vendedores con grandes facturaciones. La tecnología sistematizará y evaluará los factores de éxito del vendedor para mejorarlos, corregirlos o sustituirlos.

Learning Bots

Imagínate que un entrenador está disponible las 24 horas del día. Los Learning bots son programas computacionales a los que se les carga contenido digital, preguntas y respuestas, procesos, manuales y políticas; son capaces de responder cualquier tema que les preguntes, siempre y cuando hayas precargado el contenido.

Speech analytics

Es una herramienta y un método que permite transcribir todas conversaciones que se tienen con un prospecto (es muy común en los contact centers o en la venta a distancia).

La conversación se transcribe al pie de la letra. Se acopian llamadas exitosas y se comparan las conversaciones para identificar palabras en común detonantes que ayudaron o frenaron al consumidor. De esta forma, sistematizas el contenido de la venta.

El resultado de la analítica de datos debe generar guiones de venta en donde el asesor deba decir obligatoriamente la palabra "inversión" y debe evitar mencionar la palabra "costos" porque aceleran o alentan el cierre.

Se puede medir la cantidad de palabras que se requieren para una conversación más efectiva y parametrizar la duración de las entrevistas de venta. Con esta herramienta, evitaríamos que un asesor intente "decir más de la cuenta" y confunda al prospecto.

Las conversaciones subjetivas como "romper el hielo" se ponen a prueba para ver si es determinante "romper el hielo" para que un prospecto compre nuestro producto.

Speech analytics también te permite saber el número de preguntas que detonan interés y el tipo de respuestas que se mencionan por parte de los prospectos. Esta información es totalmente útil para desarrollar contenidos de entrenamiento para manejo de objeciones, prospección y cierre de la venta.

Reconocimiento facial

El misterio al que nos enfrentamos los seres humanos cuando entablamos una comunicación de cualquier índole es poder transmitir un mensaje de forma clara y concisa, al tiempo que entendemos el mensaje del emisor de forma sintética y comprensible.

Desafortunadamente, las emociones y el lenguaje hacen de las suyas al mezclarse, porque los mensajes parecieran confusos para las personas menos entrenadas. Uno de los grandes retos a desarrollar en un asesor es enseñarle a leer a sus prospectos para alinear la conversación a sus emociones e identificar las de sus prospectos.

Hace algunos años acudí con Lorena (vendedora de tecnología) a una cita para colocar un software de impuestos que reduciría la plantilla de personal en nóminas. La conversación fue totalmente ríspida, por un lado, la mitad de la junta directiva buscaba desacreditar el programa y la otra mitad a favor de la compra por los beneficios que suponía en eficiencias.

Al terminar la presentación le pregunté a Lorena su opinión sobre la sesión y su respuesta fue: "¡Increíble!, creo que van a comprar, quedaron super contentos". Definitivamente, mi asesora no era capaz de interpretar la situación de la audiencia porque no tenía desarrollada la habilidad de identificar emociones a través del leguaje no verbal, gestos y tonos de voz.

Existen métodos efectivos para desarrollar la habilidad a través de Skill Builders, sin embargo, para hacerlo escalable puedes utilizar también programas de reconocimiento facial que permiten analizar y estandarizar la comunicación del asesor.

Por ejemplo, eliges al mejor asesor para hacer un role play de ventas, queda completamente grabado. Absolutamente todo se registrará, la voz es almacenada y evaluada para saber el nivel de volumen, las inflexiones, la rítmica y las pausas. También se guardan los gestos que se realizan mientras se hace la demostración de la venta.

Se le pedirá a otro asesor que haga un role play, el programa identificará que tan cercano está el asesor de replicar los comportamientos deseados que se registraron y dará retroalimentación.

Obviamente si no se cuenta con un proceso de ventas establecido no es comparable. Es decir, si el asesor vende arbitrariamente y no hay un estándar, es totalmente estéril su uso. Esta herramienta está diseñada para evaluar modelos de venta estandarizados y 100% replicables. Es asombroso ver en un gráfico cuáles son los factores de éxito entre un asesor y otro, con el firme objetivo de replicar lo mejor del proceso de venta.

Inteligencia Artificial

En una era muy temprana, cuando la Inteligencia Artificial era una gran base de datos con preguntas y respuestas jamás imaginamos la ola de nuevos y sofisticados programas de IA que estaban por llegar en pocos años.

La primera vez que que conversé con un robot para intentar venderle fue decepcionante porque estaba muy limitado a las respuestas que podría ofrecerme.

La segunda vez me pareció interesante porque ahora yo era el cliente y me hacía exactamente las preguntas que yo había hecho. Naturalmente, diseñé objeciones complejas que sabía que no podía responder.

La tercera vez que realizamos el ejercicio, el robot era capaz de comportarse como un cliente objetando mis preguntas e incluso reformulándolas y cuestionándome.

Con los años, la IA ha alcanzado niveles increíbles en donde prácticamente están conversando con un ser humanos que hace conjeturas, asume situaciones, establece escenarios, interpreta información y muestra consciencia de lo que se conversa.

Esta herramienta permite que los asesores de venta puedan practicar en escenarios lo más reales posible. Se puede adaptar el robot de IA para que ejecute un número limitado de interacciones, escenarios e incluso programar para tratar objeciones específicas.

Realidad aumentada

Cuando concentras a la fuerza de ventas en un corporativo y quieres vender inmuebles ubicados en otra localidad, puedes utilizar la tradicional maqueta, los videos o renders.

Sin embargo, la realidad aumentada permite, a través de un visor, explorar cada detalle de la instalación. La simulación de RA permite al vendedor dimensionar el proyecto de forma vívida antes de siquiera conocer el producto.

En el entrenamiento, a través de RA, se puede validar, instruir y retroalimentar, por ejemplo, el recorrido con el prospecto sin necesidad de salir de la oficina.

Capítulo 2

Recluta

Año con año, todos los sectores pierden millones de dólares intentando atraer y retener personal de ventas que, al cabo de semanas, se van de la empresa sin producir al menos lo que se esperaba para retornar la inversión del reclutamiento y capacitación.

Cuando se procesa la baja del vendedor, es inevitable preguntarnos: ¿qué falló en el proceso?, ¿falló el reclutamiento, el entrenamiento, la supervisión o el esquema de compensaciones?, ¿qué faltó para hacer al vendedor novato exitoso?

Existe una discusión bizantina entre entrenamiento y reclutamiento porque cada uno intenta demostrar que realizó su trabajo de forma correcta. Para ambas áreas es impensable aceptar que una persona sin perfil no va a aprender las habilidades de venta en el menor tiempo posible y que un gran talento que no recibe un entrenamiento profesional jamás podrá explotar su potencial al máximo para vender.

Debemos ser sumamente críticos con la responsabilidad que tiene reclutamiento, entrenamiento, su jefe directo y el área de incentivos para abordar los problemas de retención de personal desde una óptica holística.

En este capítulo abordaremos los retos a los que se enfrenta atracción de talento comercial con el objetivo de mejorar el primer eslabón donde empieza la productividad: el reclutamiento.

Venta de Valor

El argumento más usado cuando se va un vendedor de la organización es que "no tenía el perfil", pero ¿qué significa eso?, ¿qué vio el reclutador en el candidato para dejarlo pasar al proceso de selección e incluso de contratación?

Mientras el reclutador sea compensado y medido únicamente por la cobertura de vacantes, jamás podrá comprender la razón de atraer a los mejores para que permanezcan en la organización el mayor tiempo posible.

Indudablemente, cuando el reclutador comprende que busca un candidato que quiera establecer una relación de largo plazo con la empresa se preguntará ¿qué puedo ofrecerle?

Esta pregunta obliga a la empresa a replantearse hacer toda una reingeniería de la estructura comercial, analizando los sueldos, el plan de desarrollo que puede ofrecerles, el entrenamiento que proporcionará, la viabilidad de los objetivos para que puedan compensar, así como revisar que el esquema de incentivos sea efectivo y eficiente.

Como puedes leer, la atracción del talento no puede limitarse a un enunciado "mejores perfiles", como si de las bolsas de trabajo emanarán candidatos calificados y dispuesto a trabajar en las peores condiciones en el departamento de ventas.

Pretender atraer los mejores perfiles, el mejor talento con una oferta raquítica de valor vuelve impensable contratar vendedores aptos y dispuestos a trabajar bajo tu modelo comercial. El reclutador también es un vendedor; debe ser entrenado y proporcionarle herramientas para que pueda enamorar a los candidatos a asesor.

Perfil de vendedor

El perfil se debe valorar en diferentes aristas: A la primera le llamaremos perfil de calificación y a la segunda le nombraremos perfil de cualificación.

Perfil de calificación se refiere a la experiencia, los conocimientos técnicos, la formación académica y las habilidades blandas; son únicamente el filtrado para saber si un candidato tiene los elementos básicos para continuar en el proceso.

Para obtener los conocimientos y habilidades del perfil que se buscarán en el reclutamiento es necesario evaluar con:

1.- El director de ventas y el gerente de ventas (líder directo). Deberán especificar lo que se requiere para operar, por ejemplo: licencia de manejo, hacer presentaciones en power point, hacer comparativos financieros, dominio de otros idiomas, extraordinaria ortografía, etc.

Para algunos directores de venta es necesario que los vendedores tengan una experiencia basta en distintas industrias o incluso años en cierto sector que les permita ahorrar la curva de aprendizaje.

2.- El área de entrenamiento aportará las competencias necesarias que requiere un vendedor para aprender rápidamente el producto, por ejemplo: alto nivel de atención, habilidad numérica, dispuesto a la memorización, facilidad de palabra, etc.

El nivel de habilidades deberá ser alineado porque el entrenamiento es una extensión del reclutamiento; para garantizar un aprendizaje acelerado, deberá entenderse a quién se recluta y cómo es el entrenamiento.

3.- Recursos Humanos: Escolaridad, años de experiencia en el puesto, nivel de ingresos requerido, disponibilidad de viajar o cambio de residencia, etc.

4.- Un focus group con los mejores vendedores de la empresa permitirá mapear las competencias, características y habilidades que los hacen exitosos; es necesario aplicarles psicometría y numerosas pruebas para ajustar y recalibrar los perfiles.

El perfil ideal de vendedor no puede emanar de alguien que no tiene contacto con los vendedores o de un descriptivo genérico de vendedor y mucho menos de la voluntad de una posición jerárquica porque la visión del negocio no es el perfil de ventas, el vendedor es el medio para llegar a la visión y se requieren habilidades muy específicas para lograrlo.

Perfil de cualificación: Son las características, comportamientos y valores de un vendedor que empatan con la cultura de la empresa, el líder directo y el equipo al que se integran.

El líder directo es quien trabajará con el vendedor de forma directa y tiene una expectativa clara del tipo de vendedor que busca. Al mismo tiempo, deberá elegir con cuales áreas de oportunidad trabajará; no existen los candidatos perfectos, absolutamente todos tienen aspectos mejorables que deberán trabajarse en el día a día.

Otro de los aspectos más importantes en la cualificación es la validación de las habilidades de venta; es decir, deberá demostrar a través de prácticas que cuenta con el nivel que se requiere para incorporarse a la empresa (en algunos casos es un nivel básico porque el entrenamiento es robusto, en otros se demanda un nivel de expertis de venta alto de acuerdo con la industria en donde ingresará).

Una vez definido el perfil, se debe establecer el proceso de selección, los responsables y los procesos de evaluación de atracción del talento. Recursos humanos no es el único responsable del reclutamiento, es el líder directo y la organización por lo que es vital alinear los roles que tendrá cada área durante la recluta.

¿Quién debe hacer el proceso?

Uno de los más grandes problemas a los que se enfrentan las organizaciones es que normalmente delegan el proceso de reclutamiento a Capital Humano, y el área comercial normalmente no se involucra.

Definitivamente es un error, porque el experto en ventas es el gerente comercial, es decir, el jefe directo; relegarlo significaría que tendrá que desarrollar y supervisar a alguien que quizás no tiene las cualidades esperadas para estar en el equipo de ventas.

Si capital humano cree que sí, que lo reclute para su propia área. Ventas debe ser el punto final de decisión para una contratación o siempre se excusará diciendo que "no tiene perfil o que están mal entrenados".

El proceso debe iniciar con Recursos Humanos para hacer una entrevista filtro con preguntas de perfilamiento y selección; posteriormente, se aplican las psicometrías y las evaluaciones (assessments) para finalmente pasar a la entrevista con el gerente de ventas (jefe directo).

En cada etapa deben estar claros los objetivos, así como los métodos perfectamente desarrollados para identificar el talento y evitar confiar en el "good feeling" del gerente de ventas o del reclutador.

Los candidatos deben ser evaluados por aspectos tangibles, replicables y objetivos, no por suposiciones o percepciones. A continuación, te mostraré algunos aspectos a considerar en cada etapa del proceso de reclutamiento.

Proceso de selección de la fuerza de ventas

Aplicación de entrevista filtro

La selección arranca desde el CV. Si te das cuenta qué tiene faltas de ortografía, que es demasiado extenso en su texto, que no describe algunos de sus logros, posiblemente estás observando un perfil que no es comercial.

Los vendedores sabemos que todo el tiempo estamos buscando nuevos negocios y que la imagen es determinante para generar confianza en un prospecto, en este caso la imagen es el CV.

Si pensamos que parte de las funciones del vendedor es comunicarse por escrito con clientes para ofertar, dar seguimientos o enviar propuestas, deberás evaluar si es la imagen que quieres de tu empresa ante el mercado.

La ortografía es un conocimiento que se puede mejorar y aprender, sí, definitivamente, el vendedor debió aprenderlo antes de postularse. Cuando contratamos, esperamos vender lo más rápido posible, no hay tiempo para desarrollar algo que debía conocer previamente.

Si esperamos que los conocimientos se adquieran durante el trabajo, es importante recordar que entrenamiento no tiene por función sustituir la formación básica escolar o las habilidades que debió adquirir desde la contratación.

Por otro lado, contratar a alguien menos calificado sería propiciar un clima injusto para el resto de los vendedores que sí están preparados, exponiendo al candidato a un retraso profesional por intentar corregir sus competencias de contratación, probablemente distrayendo al equipo para que revisen su trabajo y condenándolo tarde o temprano, a desertar.

Respecto al exceso de texto en un CV, podemos identificarlo en personalidades que no priorizan las ideas centrales de lo que quieren comunicar. Es probable que durante la entrevista proporcione tanta información que se desenfoque de los objetivos y replicará estos comportamientos en la venta: dará demasiada información al prospecto en lugar buscar un cierre de la venta y posiblemente comunique tanta información que paralice al prospecto en el momento de la venta.

Algunos reclutadores priorizan los CV en primer lugar con los parámetros de escolaridad, experiencia, etc. y se ha vuelto totalmente controversial el tema de anteponer los CVs con foto frente a los que únicamente tienen texto.

La polémica está en que pudiera parecer un comportamiento discriminatorio por la apariencia física, pero, de hecho, un proceso de selección es totalmente discriminatorio y excluyente por aptitudes, experiencia, incluso edad, inteligencia, habilidad de palabra, etc.

Evidentemente los candidatos no pueden ser seleccionados únicamente por sus características físicas, deben elegirse a los mejores candidatos independientemente de su apariencia.

Podemos estar en desacuerdo en el proceso que emplee una empresa para contratar, entendiendo que la empresa es quien decide; nadie puede obligar a una empresa a contratar a alguien. Si no te gusta, busca otra empresa y listo. Sólo la empresa puede traducir en un perfil las cualidades que busca en un vendedor para acercarse al mercado objetivo.

Un claro ejemplo de cómo algunas características del perfil influyen en el resultado lo encontramos en el sector educativo, en la venta de programas de bachillerato a alumnos de secundaria.

Se ha observado que los alumnos de secundaria se sienten más cómodos hablando de sus intereses escolares con jóvenes de entre 21 y 25 años; sin embargo, los padres de esos alumnos se sienten más cómodos hablando con mujeres de entre 30 y 40 años de edad en el momento de la explicación del producto y la inscripción. Mas allá de discriminatorio, es un hecho que el mercado se siente con cierta confianza con ese perfil de vendedor.

Hoy más que nunca, las ATS con IA están segmentando y descalificando de manera acelerada los CVs que no contengan los criterios de búsqueda del reclutador. Palabras clave en los buscadores de páginas de reclutamiento son algunos de los filtros más efectivos que despersonalizan por completo a los prospectos y descartan rápidamente candidatos que no cumplen con los años de experiencia, edad, formación profesional, la extensión de palabras en el CV, número de hojas del CV, etc.

Nadie debe tomar de forma personal ser rechazado en un proceso de selección; simplemente buscan otras opciones de acuerdo con las necesidades de la compañía.

Una vez que se han elegido los CVs con mayor alineación al perfil, pasarán a una entrevista de selección. Esta es una entrevista sumamente rápida para identificar si el candidato tiene los requisitos mínimos para continuar en el proceso; por ejemplo, si cuenta con la escolaridad requerida, licencia de manejo, etc. Es una conversación de 5 minutos que permite descartar rápidamente a los candidatos que no cumplen con lo que estas buscando; no necesariamente se hace de forma presencial.

Es una realidad que las nuevas generaciones no están motivadas con la misma vehemencia que los baby boomers por hacerse millonarios, ni están obsesionados con dirigir un equipo comercial para demostrar que son los mejores de su generación.

Es común escuchar la descripción de los reclutadores refiriéndose a los nuevos candidatos como "carentes de ambición" y falta de sentido de urgencia. Es justo reconocer que muchos de los jóvenes que hoy buscan empleo saben las implicaciones de un trabajo demandante; ellos vivieron de primera mano la falta tiempo de sus padres y no todos están dispuestos a "sacrificar" sus vidas sin un significado.

Justamente el problema de la falta de sentido de responsabilidad y de urgencia de los nuevos candidatos va ligada al desenganche que tienen ante un trabajo que parece ser de tiempo completo, que exige el cien por ciento de sus capacidades y su concentración.

Hoy más que nunca, el empleo del vendedor debe ser significativo, gratificante y lo suficientemente flexible para poder cumplir la expectativa del vendedor y de la empresa. Es un super diferenciador el puesto de ventas frente a otras opciones profesionales, porque el asesor puede ser casi dueño de su tiempo, siempre y cuando, cumpla las cuotas de venta.

Las nuevas generaciones están dispuestas a ofrecer su talento siempre y cuando puedan ganar dinero, hacer lo que quieren a la par, abanderar un producto poderoso y útil a la sociedad. Cabe añadir que hoy en día es crucial preguntar en los primeros minutos de la entrevista a los candidatos que se postularon: ¿por qué les interesa vender?; la respuesta será la ventana para tener una conversación poderosa con el vendedor y saber si realmente puede desempeñar la función.

Preguntas en la entrevista de perfilamiento - selección

Los reclutadores deben estar sumamente capacitados para entrevistar. Deberán estar actualizados constantemente y monitoreados para validar si las preguntas que se hacen están orientadas a obtener información de valor y seleccionar al mejor candidato.

Por alguna razón las áreas de recursos humanos creen que tienen un halo de bondad, sabiduría, inteligencia y todas las virtudes para dar recomendaciones o hacer observaciones de cómo tratar a las personas en el negocio, pero no es así, de hecho, es una de las áreas más sobrevaloradas comparadas por el nivel de preparación que tienen otras.

Mucho se escribe sobre la forma de reclutar, las competencias, modelos de reclutamiento; sin embargo, muy pocas veces se lee sobre las preguntas concretas que se deben hacerse.

Con la intención de romper la tradición oral de las "buenas prácticas" de los reclutadores y plasmarlo en papel, a continuación, desglosaré algunas preguntas clave que pueden hacerse durante esta fase de reclutamiento, así como algunas preguntas que no tienen cabida en el entorno actual y pudieran contaminar el proceso de selección o distraerlo del objetivo.

Preguntas de validación

¿Conoces a alguien dentro de la compañía?

Esta pregunta busca evaluar si el candidato proviene de la recomendación de alguien interno y es sumamente importante contar con esa información para incentivar los embajadores de la marca, así como darle también seguimiento al recomendador de la persona que refirió.

Muchos empleados sienten que la recomendación no tiene sentido porque no contrataron a su candidato, por eso es tan importante darle feedback a ambos con la finalidad de cerrar el proceso de la mejor forma hacia la empresa.

Por otro lado, la pregunta busca identificar si existen conflictos de interés relacionados a la función que se ejerce. No es poco común contratar a un candidato en el proceso de selección y que posteriormente mencione que su padre trabaja en la empresa en una posición de liderazgo y su hermano es proveedor de servicios. La compañía debe analizar detalladamente las relaciones y los posibles escenarios de interacción para garantizar los resultados con el mínimo riesgo operativo.

Otro caso sumamente común es identificar que un candidato es referido por su pareja sentimental y, cuando son contratados, se desatan problemas de índole íntimo de la relación llevados al centro de trabajo.

En ventas a veces las parejas se sienten amenazadas por el éxito del otro o incluso llegan a sentir celos del trato que alguno da a los prospectos en el intento de cerrar la venta. Saber previamente las relaciones al interior de la empresa permiten a la empresa elegir el riesgo a tomar.

¿De cuánto es tu expectativa salarial?

Esta pregunta es indispensable para descalificar candidatos que consideran que su ingreso debe ser mayor al que está ofertado. Recordemos que las posiciones tienen presupuestos basados en bandas salariales que se usan en el mercado. No podemos pretender que un candidato que ganaba 20,000 pesos fijos aceptará una oferta menor disfrazando de "atractivas comisiones" un ingreso que estaba garantizado.

Lo peligroso de reclutar a un vendedor que está acostumbrado a ganar más dinero es que con cualquier oferta mayor, por mínima que sea, se cambiará.

Cuando ha transcurrido un largo tiempo sin que el candidato genere ingresos, su nivel de urgencia crece, entonces, está dispuesto a aceptar las condiciones que sean con tal de mitigar la falta de ingreso.

Estos candidatos, algunas veces, están dispuestos a engañar al reclutador con tal obtener una remuneración de forma rápida. Muchos de estos vendedores seleccionados desertarán del proceso y generarán constantes conflictos, ya que realmente no están convencidos de formar parte de la fuerza de ventas de tu empresa, sólo quieren dinero rápido.

¿Has trabajado en nuestra empresa?

En empresas de gran tamaño es común observar que antiguos vendedores quieren formar parte nuevamente del equipo. Es indispensable que se explore si ya han laborado en la empresa, el área en la que trabajaron, el nombre del jefe directo y la razón de por la que dejaron la compañía.

Algunas empresas son sumamente tolerantes en aceptar una y otra vez a los mismos vendedores sin importar sus resultados, comportamientos éticos o motivos de desvinculación. Otras, en cambio, tienen claro que aceptar a alguien que dejó el equipo, sea la razón que sea, no puede regresar bajo ninguna circunstancia.

Tener una política clara de reincorporación hará que esta pregunta tenga sentido buscando siempre atraer a los mejores candidatos. Si te abandonó una vez, podrá hacerlo nuevamente.

¿Por qué te quieres cambiar de empresa?

Existen dos tipos de candidatos: los que están actualmente trabajando y los desempleados.

Los que están laborando seguramente mencionarán que están felices en sus empleos actuales y que no se quieren cambiar; sin embargo, siempre que aceptas una entrevista para "ver que es lo que pasa", existen algunas razones no tan evidentes que impulsan al candidato a evaluar otras propuestas.

A veces nos gusta pensar que el motivo por el que aceptan nuestras propuestas es porque la compañía tiene una gran misión, un reto enorme, un liderazgo ejemplar o una cultura organizacional colosal. La realidad es más simple y mucho más personal: los candidatos que están trabajando y se cambian es porque hay algo que muy en el fondo genera insatisfacción, incertidumbre o aburrimiento.

También existen los candidatos que perciben que podrían ganar más dinero porque se esfuerzan demasiado, saben que tienen talento y habilidades. Otros, desconocen si la empresa en la que trabajan tendrá un futuro prometedor o quizás están aburridos de las mismas personas, procesos y problemas.

Siempre hay razones de descontento detrás de aceptar una entrevista para un nuevo empleo. Cuando un candidato realmente está pleno y ama su trabajo, no acepta ni siquiera la entrevista filtro, rechazará la propuesta de inmediato, aunque la compensación sea muy jugosa.

Por otro lado, para los que están en búsqueda de empleo debemos analizar la razón de su salida en la otra empresa. Algunos vendedores legítimamente se han cansado de pelear con la compañía por el pago de sus comisiones, los esquemas de compensación se volvieron inalcanzables o existe inequidad en la asignación de prospectos para venta.

Todos estos casos, acompañados de los problemas comunes que se enfrenta cualquier trabajador (ambiente laboral, acoso, maltrato, etc.) son aspectos que deben evaluarse en la entrevista.

Al mismo tiempo, encontraremos candidatos que fueron despedidos por ser poco productivos y atribuirán a reestructuras de la empresa su salida o a la falta de competitividad del producto; los que usaron malas prácticas estarán en procesos de demanda; también encontraremos a los que constantemente se encontraban en conflicto con otros vendedores y, finalmente, a los "jumpers" (personas que saltan de empleo en empleo buscando ganar un sueldo fijo mayor y tratando de encontrar una compañía que pague más comisión), quienes posiblemente estén en otros procesos o vendiendo distintos productos a la vez.

Entender la razón por la que un vendedor dejó su empresa anterior nos mostrará indicios de comportamientos que posiblemente replicará y que pueden potencializarse para tener al mejor de los vendedores o convertirse potencialmente en un problema para los clientes, los vendedores, su gerente y la compañía.

¿Estás el algún otro proceso?

Es normal que el talento sea buscado por diferentes empresas, definitivamente todos queremos a los mejores. Es necesario explorar: ¿en qué compañía está corriendo un proceso similar?, ¿en qué fase del proceso se encuentra? y, a su consideración, ¿qué tan probable es que lo elijan?; con esta información debemos indagar ¿qué es lo que le gusta de la otra empresa? y si pudiera elegir entre ella y nuestra empresa, ¿cuál elegiría? con la finalidad de identificar los verdaderos motores que lo impulsan a continuar en el proceso.

Es obvio que el candidato no quiere desaprovechar ambas oportunidades; sin embargo, debemos estar conscientes de que él también nos está evaluando y vale la pena saber en el ranking de posibilidades ¿en dónde estamos para el candidato?

Temas que no se preguntan en una entrevista de selección

Estado civil: Es totalmente irrelevante. Es sumamente estereotipante pensar que un casado tendrá más responsabilidad que un soltero o que un soltero tiene más disponibilidad para trabajar tiempo adicional.

El estado civil no es sinónimo de éxito en ventas y mucho menos de productividad. Ser madre de familia no puede etiquetarse como "permisos constantes" y "baja productividad", de la misma manera que ser padre soltero no significa que "trabajará bajo cualquier condición laboral".

Tampoco es un determinante saber si es un dependiente económico de su pareja o sus padres. Algunos reclutadores pueden pensar que tendrá menos compromiso por el hecho de tener una estabilidad económica, aunque, sería un prejuicio sin cabida porque normalmente las razones para entrar a ventas son porque quieren ganar más y obtener un nivel de vida más alto.

Edad: Es cierto que algunos líderes se sienten cómodos contratando a vendedores con menos experiencia porque quieren desarrollarlos y aparentemente no poseen hábitos negativos de la venta, pero nada tiene que ver la edad.

También podría presuponerse que las personas jóvenes aprenderán más rápido o que contarán con más vigor. La edad no es un determinante para reclutar, hay vendedores con mucha experiencia que están totalmente enfocados a resultados e irradian una poderosa energía de vitalidad, por el contrario, hay jóvenes retraídos, con problemas de concentración por las redes sociales o con dificultad para desarrollar habilidades nuevas de venta.

Distancia de tu trabajo a tu casa: El candidato debe tener la posibilidad de elegir si quiere invertir horas de su día en los traslados para acudir con su gerente de ventas a revisión de resultados, capacitaciones o procesos administrativos. En ocasiones, pudiera eliminarse un candidato que vive lejos del centro de trabajo por pensar que llegará tarde constantemente o que se cansará algún día de la jornada de venta más el traslado a casa; en cualquiera de los escenarios, el candidato debe poder elegir.

Árbol familiar: Este método de los años 70s, desde la perspectiva psicológica, pudiera parecer interesante, pero es totalmente irrelevante para la toma de decisión de contratación. La estructura familiar, el relacionamiento y parentalidad no determina la preparación ni el desempeño en ventas de un candidato.

Un reclutador aferrado a este modelo caduco puede descartar a futuros Joe Girard, Friedman o Robbins. Tener hogares humildes, divorcios y conflictos no es un determinante para asegurar el éxito o fracaso profesional.

Escuela de estudios: El prejuicio de que las mejores universidades del país otorgan a los mejores profesionales es una de las peores equivocaciones en la contratación. En todas las universidades hay alumnos destacados, estudiantes de bajo desempeño, flojos, tramposos, desordenados, disciplinados, talentosos, íntegros y profesionales de primer nivel.

Cerrar un proceso de aceptación a ciertas escuelas es reconocer que la empresa se rige por valores de supremacía, donde será normal el clasismo, racismo, homofobia, xenofobia étnica y un sinfín de problemas de inequidad para todos los vendedores.

Muchos de los vendedores más famosos del mundo no tuvieron oportunidad de asistir a las mejores universidades, relacionarse con círculos comerciales de poder, vivir el nepotismo de pertenecer a una familia adinerada y ratificar el "establishment" y aún así, lograron consolidar una carrera de éxitos y abundancia.

Aplicación de pruebas: Lo primero que debemos entender es que la psicometría no es definitoria para la contratación o descarte de un vendedor; simplemente es una guía de referencia de lo que se debe seguir explorando en el proceso de selección.

Definitivamente, el equipo de reclutamiento debe ser experto en ese rubro, tanto en interpretación como en elaborar una síntesis al responsable de la vacante. Si la psicometría no se usa, ni interpreta y el líder no puede tener acceso a la información, entonces se debe eliminar ese paso innecesario y estéril del proceso.

Los tests de habilidades técnicas nos permiten saber si el candidato es apto o no a la tarea que se encomienda; por ejemplo, las pruebas de habilidades numéricas o lógicas te dará una idea si el candidato es capaz de hacer una regla de tres. Esto es vital, ya que, si no es capaz de realizar una operación sencilla, difícilmente sabrá calcular sus comisiones o los posibles descuentos en un producto determinado.

El éxito de las pruebas de habilidades está en tener claro y exactamente que lo que debe saber el vendedor para hacer su trabajo.

Las pruebas de probidad cada vez son más comunes y buscan tener el menor riesgo de contratar a un candidato con baja integridad que provoque problemas con la empresa y hacia los clientes. Es importante que se verifiquen referencias, no solo de la empresa en la que trabajaron, sino en medida de lo posible de los clientes a los que vendió en algún momento.

Por ejemplo, en el sector financiero se han identificado bandidos que una y otra vez sistemáticamente se cambian de empresa, defraudando a prospectos por miles de pesos. La integridad nunca debe ser negociable.

Pruebas de habilidades - Assessment

El mejor método para evaluar una habilidad es que se ejecute una demostración, ya sea de una venta o una presentación con un cliente. El candidato deberá elegir un producto para demostrar sus habilidades de venta (seguros, gastos funerarios, tarjetas de crédito o cualquier producto con el que esté familiarizado).

Cada vez son más las empresas que solicitan que el candidato llegue preparado con el producto de la empresa a la que aspira pertenecer, con el objetivo de evaluar si se prepara para una presentación, el nivel de entendimiento del negocio al que quiere ingresar y si es capaz de comunicar lo que sus páginas de internet quieren transmitir al consumidor.

Las demostraciones de venta pueden hacerse con el responsable de la vacante o con un panel de evaluadores. Es muy importante entender que el candidato está nervioso y aún no es experto del tema por lo que no se deberán mostrar objeciones o ser intransigente, el evaluador únicamente funge como herramienta para modelar un comportamiento de venta y es un punto de partida para validar su talento.

Es importante que se le comunique previamente al candidato que realizará una demostración y tenga oportunidad de prepararse, sea cual sea el producto que "venderá" o "demostrará".

Entrevista con el jefe directo

Todos los vendedores deberán ser entrevistados por el jefe directo. Es increíble que existan aún compañías que "siembran" a la fuerza de ventas sin que el líder decida con quién quiere trabajar.

La conexión que se genera desde el momento de la contratación con el gerente de ventas permite que el vendedor identifique a su líder como el coach, el habilitador y el mentor que lo ayudará a llegar al resultado de ventas.

El gerente de ventas conocerá sus fortalezas y debilidades, al mismo tiempo que identificará si el candidato podrá adaptarse a la metodología de trabajo de la compañía. Por ejemplo, hay asesores que no les gusta ser cuestionados todos los días por sus resultados, y si el modelo de gestión es a través de la rendición de cuentas diaria, seguramente comenzarán a friccionar la relación.

Aunque existen diferentes metodologías para entrevistar, no debemos perder de vista que buscamos identificar algunas características y hábitos que necesitará en el día a día para ser exitoso. Por ejemplo, ser coachable, estar motivado (tener algún tipo de ambición), buscar el éxito, tener hábitos desarrollados de autoaprendizaje, etc.

Una cualidad de la que muy pocos hablan es la capacidad de generar confianza. Por alguna razón algunos vendedores tienen serios problemas al obtener referidos, al acercarse a prospectar en frío, al intentar abrir alguna empresa o al tratar de desarrollar nuevas relaciones de negocio.

La forma en que el asesor de ventas es percibido para generar confianza marcará el rumbo de las conversaciones, por ejemplo, si se ve amenazante, temeroso o tibio al comunicar información, es probable que sea visto como alguien de quien se debe desconfiar debido a la baja habilidad de comunicación.

El reclutador, mientras entrevista, debe identificar a través de sencillas preguntas la forma en que se relaciona con el entorno para evaluar su nivel confiabilidad en el mercado. Preguntar sobre sus últimos prospectos obtenidos en frío nos dará un panorama del nivel de confianza en sí mismo para hacer la actividad y del nivel de aceptación que se tiene en un entorno determinado.

Es necesario hacer preguntas exhaustivas para conocer su nivel de influencia y su habilidad de generación de bases de datos y relaciones interpersonales.

Cuando reclutas debes tener claro que, si hay algo que te da desconfianza del candidato, no lo hagas, no continues. Si eliges un candidato, debes tener plena confianza en que funcionará, nadie propone matrimonio pensando en un plan B. La regla máxima del reclutamiento es: si dudas, no lo contrates. Esto anula las teorías de los 70s en donde debes elegir en una terna para escoger al "menos peor", si un perfil te encanta, conecta con el líder y la visión de la empresa, debes contratarlo de inmediato, sin dudar.

Cuando un vendedor no empata con la visión y la cultura de la compañía, tarde o temprano se va, porque la expectativa del trabajo que se realiza no empata con lo que esperaba el asesor. Por ejemplo, el vendedor esperaba que le dieran base de datos y la empresa constantemente lo envía a prospectar.

Naturalmente, habrá conflicto porque ambos esperan acciones opuestas del otro. Además, cuando las expectativas no están alineadas es normal que los nuevos ingresos ofrezcan una gama inmensa de ideas, innovaciones que no se pondrán en práctica y que incluso a la propia empresa no le interesa escuchar.

Es una realidad que las empresas consolidadas tienen claro cómo generar dinero bajo su modelo de ventas. El dueño del negocio sabe cómo generar ingresos y normalmente tiene expertos y áreas que se dedican a la innovación de proyectos de comercialización, que no aceptan fácilmente nuevas formas de vender.

Los nuevos ingresos se sienten decepcionados cuando sus propuestas llegan al cajón del escritorio porque pensaban que podrían hacer un cambio, cuando la razón por la que contrataron al asesor fue sólo para vender.

Las empresas más jóvenes, como las "startups", tienden a entrar en la vorágine de la innovación constantemente, en la búsqueda de su modelo comercial e incluso promueven que sus integrantes desarrollen nuevas propuestas.

Estas empresas suelen cambiar tan rápido sus procesos que algunos vendedores se sienten frustrados de no poder actualizarse tan rápido como lo demandan las nuevas propuestas. El exceso de cambios impide que una fuerza de ventas adquiera lo más importante en el día a día: hábitos.

Un vendedor sin hábitos de prospección, llamadas y seguimientos de venta bien desarrollados se convierte en una verdadera calamidad, porque el gerente de ventas creerá que le falta motivación o que hay problemas de actitud cuando el problema real es la falta de disciplina y constancia con las acciones que debe cumplir un vendedor todos los días.

Hablar de constancia, hábitos y disciplina es referirnos a un estilo de vida, a la personalidad misma que define la congruencia entre lo que se quiere y lo que se hace. Un vendedor que quiere ganar más dinero y al mismo tiempo nunca da seguimiento a sus clientes, difícilmente obtendrá lo que busca.

Vendedores que durante la entrevista se distraen fácilmente, que no prospectan, revisan su agenda todos los días, evita el contacto telefónico pretendiendo que WhatsApp es mejor, seguramente serán los primeros que tendrán grandes inversiones de tiempo por parte de su gerente tratando de ayudarlos a mejorar, pero dará muy poco retorno de inversión.

Durante la entrevista se pueden evaluar estos aspectos, por ejemplo, preguntado: ¿cómo organizas tu día para vender?, cuéntame, ¿cuál es la forma más efectiva de vender y cuál es la más fácil?, ¿qué es lo que más trabajo te cuesta de vender?, ¿cómo sabes a quién pedir referidos?, ¿cada cuánto sales a prospectar?, si pudieras elegir vender por teléfono, en persona, en redes sociales o en whats app ¿cuál elegirías?, ¿cuáles son los hábitos que te dan resultados de venta diariamente?, ¿qué es lo primero que haces en el día para asegurar tus resultados de venta?, ¿qué características debe tener un asesor exitoso? y ¿cuáles de ellas tienes tú?

Las dos últimas preguntas buscan evaluar si el candidato es capaz de vender su propia imagen, sus habilidades, su reputación y su talento. Los mejores vendedores saben que lo son, y la delgada línea que los distingue de los arrogantes es que son capaces de generar confianza, opuesto totalmente al rechazo que produce hablar con un egocéntrico.

Es necesario recordar que se debe evitar la recluta por urgencia apostando a elegir al "menos peor". Siempre debe mantenerse integro el proceso para seleccionar al mejor candidato. El gerente de ventas (jefe directo) debe ser lo más objetivo posible y proporcionar retroalimentación a recursos humanos para que actualicen constantemente el perfil de los candidatos. Una buena recluta asegura al menos el 50% del resultado de ventas.

Vacantes todo el tiempo

El reclutador debe prospectar todo el tiempo, la fuerza de ventas muy difícilmente permanecerá en una empresa, es parte de su naturaleza, buscar otros productos, más comisiones e incluso un trabajo menos demandante.

Por lo tanto, siempre se debe contar con una metodología semanal de revisión de CVs, entrevistas y contrataciones que muestre el embudo de recluta e invite a la reflexión de si las fuentes que estamos usando son de calidad o arrojan candidatos que no se contratan o no permanecen.

Cuando la presión es demasiado por cubrir una vacante el área de recursos humanos empujará fuerte para la contratación, y el gerente de ventas buscará tener manos para recuperar la cuota de ventas que dejó la vacante.

En este torbellino de la urgencia, se pueden cometer muchos errores en la contratación, desde brincarse partes del proceso, hasta ser indulgente en las exigencias del perfil con el fin de tener a un vendedor totalmente incompetente, pero que por lo menos, pueda hacer llamadas y no se enfríen los prospectos. Flexibilizar el proceso hará que flexibilices los resultados.

Tener un sólo par de candidatos y pensar que son contratables en ningún contexto podrá ser recluta de calidad; sería el equivalente a decidir entre un borracho y un golpeador. Jamás elijas entre los peores o entre las limitadas opciones que ofrece reclutamiento, realmente se debe tener el volumen suficiente para poder decidir quién es el mejor asesor que debe pertenecer a tu compañía.

El reclutamiento demanda ética en toda su extensión. Es común recibir candidatos recomendados por "alguien" y se testifique que el prospecto tiene todas las cualidades de venta, que ha sido exitoso por años y que es garantía de resultados.

Si algo puedo compartir que he aprendido a lo largo de los años en ventas es que, absolutamente todo debe poderse demostrar. De lo contrario, confiar ciegamente, generalmente trae problemas en los resultados y en las relaciones. Si el CV que te compartieron, es tan sobrado de cualidades, sin lugar a duda, aprobará el proceso de reclutamiento. Bajo ningún motivo sabotees el proceso, la credibilidad en los negocios, siempre está en el proceso.

El corazón de la recluta

La empresa debe ser poseer una cultura embajadora de la marca y que realmente pueda atraer al mejor talento para vender el producto. Las estrategias de desarrollo organizacional, además de proveer una reputación alta como empresa, deberán ser fuente de referidos para incorporarse a las filas comerciales.

Es indispensable que la empresa se enfoque en la generación de una campaña de promoción del equipo comercial, incentivando que incluso sea parte del crecimiento profesional. Ninguna empresa que busque resultados deberá permitir una cultura de segregación hacia ventas; en cambio, la culturización de "todos vendemos", debe hacerse visible y palpable en cada reunión.

Diariamente se debe generar la actividad para entrevistar candidatos recomendados, agendar seguimientos y lo más importante, dar retroalimentación a los candidatos que no aprobaron el proceso. Una empresa reconocida como empleadora debe poseer un sistema de feedback al candidato, con la finalidad de asegurarse que la reputación hacia el exterior es positiva.

Un candidato que es rechazado de un proceso de selección compartirá con sus amigos, colegas e incluso clientes el proceso de aceptación de la empresa, una percepción negativa puede alejar a posibles futuras reclutas.

Para poder vender la carrera de asesor de ventas, es indispensable que todas las áreas estén involucradas en el proceso de recluta comercial. Todo tu personal comercial y capital humano deben conocer y comprender absolutamente todo, desde la descripción del puesto, interpretación de psicometrías, entrevistas, assessment hasta el producto y la forma en que vende un asesor en el día a día.

Algunas compañías gestionan que capital humano venda el producto con un cliente real en campo para que entiendan cuales son las características que debe tener un vendedor para ser exitoso en tu industria y conozca en carne viva lo que realizará un vendedor, así como las objeciones que manejará.

La nueva recluta

Existe un sentimiento en los reclutadores de que los candidatos están menos preparados, tienen menos capacidades, son menos comprometidos o incluso cuentan con menos actitud hacia el trabajo.

Es una realidad que hoy en día las opciones para encontrar un empleo son incontables debido a los trabajos remotos, el exceso de emprendedurismo, el aumento en la demanda de equipos de venta en el mundo y la tremenda avalancha de personas que buscan ganar dinero en redes sociales a través de la generación de contenido; esto ha mermado las largas filas de personas que esperaban ser contratadas por una empresa dando cada vez menos opciones para los reclutadores.

Debemos partir de: ¿cuál es el target al que se busca reclutar? Evidentemente, si se encuentra un exceso de candidatos que buscan otro tipo de proyectos, debemos reflexionar sobre la utilidad y la viabilidad de las fuentes que se están usando. Si las personas están "menos preparadas", pregúntate: ¿qué pediste cuando publicaste la vacante? y ¿dónde publicaste la vacante?

Hoy en día, es indispensable tener distintas formas de recluta y fuentes de obtención de CVs. Debemos entender que reclutar es diferente de atraer talento; las empresas deben hacer ambas para incrementar las posibilidades de contratar a los mejores.

La recluta es un proceso en el que se publica una oferta laboral y los candidatos se postulan; de ahí en adelante se selecciona al más apto. Normalmente, la empresa tiene un poder sobre el candidato y el empleador oferta lo que quiere.

Por otro lado, la atracción de talento es mucho más retadora, porque el reclutador buscará candidatos que ¡no están buscando trabajo! La posición de poder no está en la empresa, por lo que el candidato está en total posición de negociar y la empresa debe "enamorar" literalmente al candidato para que elija cambiarse con tu empresa.

Las habilidades de atracción de talento van revestidas de los primeros aspectos que comenté en el capítulo: dependerá de una oferta de valor la posibilidad de negociación para atraer mejores vendedores.

Los candidatos que atraerá el reclutador dependerán en gran medida de sus habilidades de prospección de vendedores, de esa forma en los primeros acercamientos, se descarta candidatos que no estén interesados en la oferta profesional.

Otro canal que debe explorarse para la atracción de talento es la recomendación de los propios vendedores y de los empleados de la organización. La importancia de mantener niveles de servicio hacia la fuerza de ventas por parte de la empresa es vital, porque ningún vendedor traerá a sus amigos a formar parte del equipo comercial si sabe que hay retrasos contantes en las comisiones, si las metas se envían de forma tardía o incluso se tiene la percepción de que la empresa busca no pagarle al vendedor.

Si el servicio que se ofrece al cliente es de baja calidad, indudablemente el vendedor será el primer canal de atención para el cliente y lo distraerá de nuevas ventas por cubrir deficiencias operativas.

Ningún vendedor quiere traer a sus amigos de otras industrias a comercializar algo que no funciona. Nadie quiere vender problemas con clientes y mucho menos atraer nuevos vendedores que sufran conflictos gratuitos.

Capítulo 3

Proceso de venta

Módulo 1

Conversiones

Hace algunos años, todos los cursos de venta empezaban describiendo el perfil del vendedor, la tipología de clientes y presentaban de forma muy general el proceso de venta. Como resultado, había vendedores que sabían los pasos a seguir para vender, aunque muy pocos lograban descubrir exactamente en qué fallaban al tratar de incrementar sus ventas.

Hoy en día, la base para entender el comportamiento de las ventas es detectar desviaciones a través de comportamientos numéricos e implementar planes de corrección acorde a la etapa del proceso de la venta en que está fallando la conversión.

Las tasas de conversión son porcentajes que expresan la proporción de prospectos que atraviesan tu proceso de venta etapa por etapa y nos muestran la eficiencia terminal de un prospecto.

Naturalmente, las conversiones nos ayudan a identificar los diversos problemas en el proceso de convertir un prospecto hasta un comprador o cliente. La razón es muy sencilla, mientras más efectivo seas en la conversión, menor costo financiero representará atraer prospectos.

En otras palabras, cada dato de prospectos que se obtiene debe tener como objetivo primordial convertirse en una venta. Si bien en el camino algunos de estos prospectos desistirán o aplazarán la compra, medir en qué etapa se van descartando permitirá hacer esfuerzos focalizados y proyectar certeramente el número de ventas que tendrás en un tiempo determinado con la base de prospectos con la que cuentas.

Las tasas de conversión no son aplicables únicamente al mundo del marketing digital, son un concepto que se ha globalizado a todas las industrias en el área de ventas. La medición de cada etapa de la venta hace posible establecer múltiples estrategias, que van desde capacitación del personal de ventas hasta el uso de inteligencia artificial y chat bots para la atención eficaz de prospectos.

Objetivos de venta

Un vendedor establece sus objetivos pensando en la comisión deseada (objetivo de ingreso), de la misma forma que un director de ventas busca llegar a un objetivo financiero, ya sea porque persigue ganar participación de mercado, crecer versus año anterior o simplemente por el nivel de gasto que tiene la compañía requiere un determinado ingreso financiero.

Ambos pueden perder de vista que la meta implica un esfuerzo de captación y conversión, es decir, la voluntad nada tiene que ver con llegar a la meta, siempre deben prevalecer los objetivos de conversión y de base de datos (prospectos) para identificar si es viable o no el resultado.

Para trazar tus objetivos de base de datos (leads) debes usar las tasas de conversión en un ejercicio que llamamos "de reversa". Para llegar a "n" objetivo, necesitas "n" base de datos con "n" conversión.

Los objetivos de conversión se determinan usando históricos, benchmark o usando algunas referencias que permitan modelar el posible comportamiento deseado. Si la conversión no es suficiente, debes ajustar la efectividad para incrementar la tasa de conversión, incrementar el volumen de datos para alcanzar el objetivo de venta o simplemente aceptar que tu meta de ventas no es viable dadas las conversiones y base de datos.

Algunas empresas ingresan un gran volumen de datos para poder llegar a sus objetivos y gastan recursos tratando de hacer tráfico a sus páginas, invirtiendo en anuncios o publicidad on line, sin embargo, si la base de datos no está perfilada encarecerás sin medida el costo y, eventualmente, procesar leads poco útiles sólo te hará perder el tiempo y gastar dinero.

La utilidad de las tasas es innegable cuando encontramos directores de venta frustrados por el resultado del mes, porque la planeación de la meta era inviable desde el inicio. Buscar el famoso "cómo sí" no es un ejercicio de creatividad; es un ejercicio cien por ciento numérico que se determina a través del comportamiento de las tasas y que abre la discusión a evaluar nuevas formas de generación de leads de calidad.

Una de las variables que debemos considerar al trabajar con tasas es el "tiempo o estacionalidad". Por ejemplo, en algunas industrias la conversión se modifica de forma estacional y puede acelerarse de forma drástica por las condiciones naturales del mercado.

En la industria hotelera y turística, la conversión de ventas se acelera en las semanas previas a los días de vacaciones; en el sector educativo y asociado a útiles escolares, dos semanas previas al inicio de clases las compras se disparan. Si estás incursionando en las ventas o desarrollando un nuevo negocio, es indispensable empezar a documentar los históricos de venta.

Funnel

Para entender el funnel de conversión, imagina que manejas en una carretera que se hace más angosta. A medida que avanzas, se generará tarde o temprano un embotellamiento por el exceso de autos que transitan día a día. Mientras manejas, te darás cuenta de que muchos automovilistas se detienen durante el trayecto para hacer tiempo en lo que se descongestiona el tránsito, otros simplemente desistirán y regresarán a su lugar de origen, finalmente algunos sumamente pacientes, tarde o temprano llegarán a su destino final.

La pregunta para entender la correlación de las conversiones y las carreteras es: ¿qué porcentaje de los automovilistas que iniciaron el viaje realmente terminaron su recorrido? Al responderla, tendrás el primer atisbo de conversión.

A medida que observas la carretera y los autos de forma periódica, podrás entender los principales obstáculos que atraviesan los conductores para poder llegar al final del recorrido, incluso, identificar los lugares en donde inician los estancamientos o el horario en donde inician. La probabilidad de éxito dependerá de saber exactamente lo que sucede en la autopista a cada instante; en otras palabras, entender las conversiones en el funnel de ventas.

Entender el funnel de ventas significa que debes saber en qué etapa necesitas ser más rápido trabajando los leads, en qué horarios o bajo qué condiciones podrías mejorar la conversión y, sobre todo, asegurar que existe calidad en cada fase del proceso de venta.

La arquitectura de los modernos CRM se basa en la estructura del proceso de venta, desde la captación de la base de datos hasta la venta pagada. Así que vale la pena tener mecanismos que permitan evaluar constantemente las etapas del funnel como lo hacen los CRMs.

En todos los procesos de venta, sean de B2C o B2B, deberás preguntarte: ¿cuál es el número de personas que has tenido frente a ti para demostrar tus servicios?, ¿qué porcentaje me compraron?

Por otro lado, la semana pasada llegaste a la meta de 25 ventas y estuviste frente a 30 personas, esta semana tenías una meta de 25 y lograste 26, parece un buen número ¿cierto?, recibirás aplausos por llegar a la meta, pero ¿qué pasa si para llegar a los 26 estuviste ahora frente a 100 personas? la conversión nos revelará la verdadera efectividad del proceso de ventas. Si para llegar a la meta un vendedor debe quemar la base, definitivamente no es efectivo, vender a cualquier costo, no es negocio.

Ahora imagina que tienes 100 datos

¿Cuántas personas de las que atraes y obtienes sus datos pasan a cada una de las etapas?, ¿cuántas llegarán al final del funnel para convertirse en venta pagada?, ¿cuáles son las acciones que debes hacer para que se incremente el número de personas a la etapa de compromiso?, ¿cuáles son las acciones que necesitas hacer para mejorar la conversión por etapa?

El funnel de ventas es la herramienta que permite visualizar todo el proceso de ventas y sus conversiones en cada etapa. A algunos prospectos nunca los vas a localizar; otros desistirán cuando hables con ellos por teléfono y otros más al hacer la labor de venta.

Es importante que identifiques específicamente ¿cuál es la razón por la que no quiere darte cita en la sucursal o por qué decidió no comprar? Puedes tomar mejores decisiones si sabes en dónde se están fugando los prospectos y dónde se detienen los leads al tratar de convertir.

La diversificación es la llave de la riqueza. Algunos orígenes tendrán mucho mejor conversión y buscarás apalancarte en ellos para reducir el costo de adquisición de tal forma que, si un origen falla, otro puede ayudar a recuperar la pérdida, siempre y cuando su volumen de datos y conversión lo permitan.

Los emprendedores acostumbran a preguntarse, ¿cuánto deben invertir en medios digitales para generar ventas?, la respuesta dependerá, primero, de la cuota general de ventas requerida; los orígenes de donde se esperan las ventas (en el caso de: Google, Instagram, Facebook, etc.); el objetivo de base de datos (ejercicio de reversa); la conversión esperada; y finalmente, el presupuesto asignado para cada origen.

Uno de los errores más comunes es incrementar el tráfico de leads con una alta inversión que se irán deteniendo en el funnel porque no hay capacidad de respuesta inmediata, el riesgo de tener un exceso de leads es que disminuya la conversión por falta de seguimiento.

A veces los gerentes de venta observan sólo el resultado final de la gestión comercial: la venta. Pocas veces los líderes se detienen a reflexionar sobre la calidad de la base y cuestionan al vendedor sobre los bajos resultados, atribuyéndole de forma injusta falta de actitud, habilidad o disposición.

Cientos de vendedores son desvinculados todos los días por productividad, cuando el problema es de conversión de datos, naturalmente los vendedores también renuncian si no ganan comisión, y eso explica las grandes rotaciones de fuerza de ventas; la gran villana de la rotación es la conversión.

No hay forma de llegar al resultado de ventas cambiando cientos de veces al vendedor, aplicando programas de entrenamiento de manejo de objeciones o implementando tecnologías artificiales si los leads son de baja calidad.

El área de marketing y prospección deberán analizar semanalmente el avance en el funnel de ventas y reasignar recursos a fuentes de prospección con mayor conversión. Así que, antes de cambiar al vendedor, por favor detente a evaluar si debes cambiar al proveedor de leads.

A continuación, presentaremos algunos ejercicios para llevar a la práctica los conceptos de conversión, funnel y ejercicios de reversa. Dividiremos en tres niveles los ejercicios debido al nivel de atención que requiere cada uno. Para finalizar este capítulo, te ofreceré algunas preguntas que puedes hacer para evaluar en tu negocio las desviaciones de cada etapa de la venta y la rentabilidad de los leads.

Recuerda que las tasas de conversión son porcentajes que muestra la relación del total de tus prospectos vs el total de las ventas que generaste y cómo fueron avanzando de etapa a etapa en el funnel.

Nivel básico

Ejemplo:

Tenía agendadas 100 citas médicas, pero solamente asistieron 32 personas al consultorio.

¿Qué tasa de asistencia tuve? – Respuesta: 32%

(32/100) * 100 = 32%

Ejercicio:

Obtén los siguientes porcentajes:

Tienes 320 datos y vendiste 56 membresías. ¿Qué conversión tienes?

De 1,322 prospectos que tenemos en el banco, tuve una conversión a asistidos a sucursal del 26% ¿Qué cantidad de personas asistieron a la sucursal?

¿Cuál es el 18% de 1,785?

Nivel medio

Los ejercicios de reversa son operaciones matemáticas que parten del resultado final (la venta) y buscan obtener la base de datos que necesitas para llegar a ella. Los datos que requieres son las ventas por lograr y la tasa de conversión para determinar la base de datos necesaria.

Ejemplo:

Meta de ventas: 10

Conversión de ventas: 20%

(100 / 20) * 10 = 50

¿Cuánta base necesito? – Respuesta 50 datos

Ejercicio:

Si tu meta es de 103 ventas ¿cuánta base necesitas si tienes una conversión del 12%?

Con una conversión del 16% ¿cuánta base necesitas si tu objetivo de venta es de 180?

¿Cuánta conversión necesitas si tienes una base de 1,865 y la meta de ventas es de 487?

Nivel avanzado

Es importante que puedas comparar las conversiones entre orígenes o unidades de negocios para identificar problemas de conversiones intermedias, ahí es donde están las áreas de oportunidad para mejorar la conversión general.

Conversiones comparadas

Analizaremos a dos sucursales:

1.- Sucursal Otawa tuvo 630 ventas en el mes y asistieron 1,750 personas.

2.- Sucursal Rioja tuvo 882 ventas en el mes y asistieron 3,392 personas.

¿Quién tuvo mejores ventas?

¿Quién tuvo mejor conversión?

Recuerda que conversión es igual a rentabilidad, porque el costo de adquisición del lead es menor. Hay retorno de inversión porque gastaste menos recursos.

Conversiones intermedias

Debe distinguirse con toda claridad "concentración" de base y "conversión" de base. Concentración: es la cantidad de datos que hay en cada etapa. En el embudo de conversión se muestran los números absolutos de leads que están en cada fase. Conversión: es un porcentaje que acumula en el cálculo todo lo que ha pasado por las etapas anteriores.

Puedes tener 10,000 datos, con 8,000 concentrados en la etapa de contactación (ya hablaste con ellos, pero necesitas convencerlos de agendar una cita).

Esto significa que el 80% de la base está en esa etapa. Además, hay 1,000 datos que ya agendaron cita y compraron. Estas personas fueron contactadas previamente, por lo que el total de contactados es 9,000 (8,000 actuales + 1,000 pasados). Si 9,000 de 10,000 fueron contactados, la tasa de contactación es del 90%.

Ambos conceptos son muy útiles porque permiten saber si el problema está en la calidad del dato o en la gestión del lead. Las acciones de multicanalidad o intensidad en el marcado a la base sirven para detectar en el embudo de ventas dónde se están estancado los leads o si se trata de un problema de calidad.

Naturalmente no trabajar la base de datos rápidamente desemboca en un problema de conversión, que es fácil corregir trabajando los datos velozmente.

Cuando detectas que el problema es la conversión, debemos evaluar si el vendedor está ejecutando con calidad la venta o si hay rechazo al ofertamiento porque no están perfilados los prospectos. Para identificar esta problemática, la concentración de la base será mayor en alguna de las etapas y, observarás porcentualmente las razones del desistimiento.

Si el prospecto declara que no conoce el producto, la base no es contactable e incluso el precio no corresponde con su expectativa, la base de baja calidad.

Siempre se debe contar con una tasa de referencia y una tasa objetivo para medir si nuestra conversión real va en línea con el presupuesto. La tasa de referencia normalmente es la histórica o la de mercado. La tasa objetivo, es el ideal para asegurar el resultado de ventas. Naturalmente debe ser mayor a la de referencia para mejorar la eficiencia.

Un error común es establecer objetivos de conversión irreales para llegar a la meta de ventas. Por ejemplo, el comportamiento de mercado y el histórico arroja una conversión del 7% y la meta es del 42% porque no se quiere invertir en más lead y se pretende forzar la conversión a niveles absurdos de mejora sin contemplar el comportamiento de las tasas de referencia. El resultado: desgaste en el equipo comercial y no llegar a la meta.

Ejemplo de un Funnel y conversiones intermedias

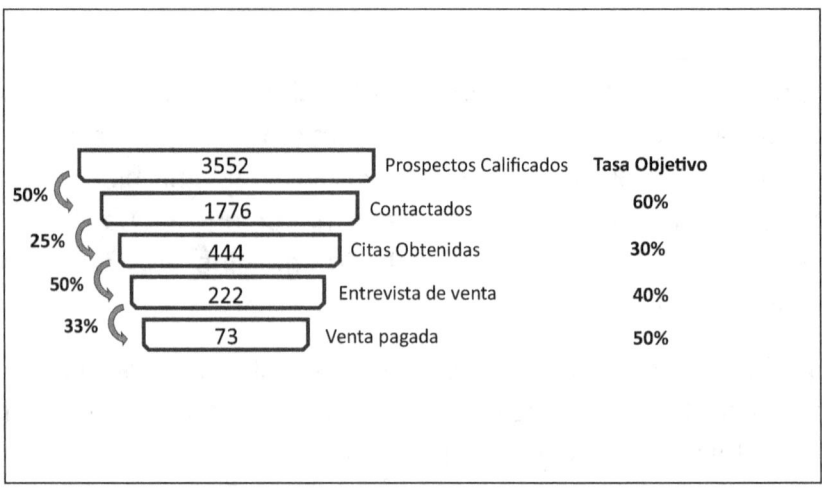

Ejercicio:

¿Cuál es la conversión final de prospecto a venta?

¿En qué etapas están los problemas de conversión comparado contra sus objetivos?

Si tu meta es de 100 ventas con la conversión actual, ¿cuánta base necesitas para llegar al objetivo?

¿Qué conversiones debes mejorar?

¿Qué estrategia usarías: más volumen o mejorar la conversión?

Preguntas para aplicar las conversiones en tu empresa:

1.- ¿Cuántos leads se necesitan con la conversión actual para llegar a la meta de ventas?

2.- ¿Cuáles son las conversiones con mayor GAP?

3.- ¿Qué tan alejado estas de la tasa de referencia?

4.- ¿Los ritmos de las tasas de conversión de tu negocio son ascendentes o descendentes?

5.- ¿Cuándo identificas que tus tasas de conversión se mueven, lo hacen hacia arriba o hacia abajo?

6.- Con la conversión actual y la base de datos actual ¿cuál sería tu proyección de ventas?

7.- ¿Los problemas de conversión que tiene tu negocio son de calidad de datos, gestión de la base o de base estancada?

8.- ¿Quiénes de tus asesores tienen las mejores tasas de cierre?

9.- ¿Cuáles son los orígenes de mejor conversión?

10.- ¿Cuál es el costo por lead de cada origen?

11.- ¿Cuál es el lead más costoso?

12.- ¿De cuánta es la inversión que se requiere hacer en leads para llegar a la meta?

13.- ¿Qué porcentaje de crecimiento tiene la tasa objetivo vs la tasa de referencia?

Módulo 2 Prospección

El cierre de ventas inicia en la prospección. Un lead de baja calidad representa pérdida económica para la empresa, invertirá en contactar, publicitar y generar mecanismos de cierre, de ahí la importancia de analizar detalladamente el mercado al que se dirigirá la prospección.

La prospección es la gasolina de todos los negocios. Sin prospectos no hay ingreso y no hay compañía, así que hay que asegurarse que todo el tiempo haya candidatos a compra. Sucede que muchos asesores o empresas que tienen base de datos se enfocan en cerrar negocios, sin embargo, dejan de lado la captación de nuevos prospectos. Otras empresas entienden la importancia de estar prospectando así que designan estructuras completas para prospectar exclusivamente los 365 días del año.

Cada empresa tiene un modelo financiero para poder generar nuevos datos, algunos prefieren gastar mucho en nuevos leads que tienen una alta conversión, otros prefieren tener un mayor volumen para apostarle a la probabilidad. Indudablemente, el peor escenario, sería tener un exceso de base de datos y no tener quien la trabaje.

La prospección siempre debe ser calculada con base a conversiones y volúmenes. Tristemente, las compañías se confían porque venden constantemente y piensan que no es necesario prospectar porque las ventas se dan solas. Al cabo del tiempo se dan cuenta que sus competidores terminarán prospectando a sus propios clientes.

En el proceso de venta debes ser capaz de medir exactamente cómo es que llegó el prospecto a tus registros. Uno de los errores en la prospección es preguntarle al cliente: ¿cómo se enteró de nosotros? Nosotros somos los que debemos saber en dónde registró sus datos para poder dar continuidad a su interés y no arrancar desde cero en la conversación al momento de la contactación. Para darle un trato diferenciado al lead, se trabajará por origen de captación.

Otro de los errores más comunes es confundir la publicidad con la prospección. Prospectar es obtener nuevos interesados, con esto me refiero a tener datos de personas que sean localizables a través de sus datos de contacto, así que un anuncio publicitario, no es un origen de prospección porque puede influir en todos tus orígenes. La prospección debe medirse sobre el medio por el que se registró el prospecto, por ejemplo: la página de internet, Facebook, papeleta, recomendado, encuesta de mercado, etc.

Para ser más efectivo en la prospección, debemos tener claro a quienes van dirigidos nuestros productos o servicios, y de acuerdo con sus características o comportamientos es más probable que nos compre (mercado objetivo).

Mantener segmentado en grupos cada vez más específicos a los consumidores ayudará a dirigir los esfuerzos de prospección, armar campañas, pedir referidos o dirigirse a los lugares en donde se pueden encontrar este tipo de personas. Un ejemplo de segmento sería: Hombres de 30 a 40 años, solteros, con ingreso superior a los $80,000 dólares.

El peor error que se puede cometer es dirigirte "al que caiga". Esto es muy recurrente en la industria de los alimentos en donde pareciera que, como todos los seres humanos comemos, estamos interesados en todos los productos, pero no es así.

Hoy, el consumidor tiene tantas alternativas que pareciera que está confundido sin saber elegir entre tantas opciones, por eso es de suma importancia tener un "buyer persona", es decir, construir a tu cliente ideal describiendo sus características para enfocar la prospección.

Un ejemplo de un "buyer persona" por ejemplo: Carlos, un profesionista en inversiones que le encanta la tecnología, acostumbra ir los fines de semana a cenar con su novia a la zona más lujosa de la ciudad. Practica tenis dos veces por semana y le gusta vestir ropa de marca. Se siente motivado por empresas que se preocupen por el servicio al cliente y que tengan un impacto social. Le interesan temas de política internacional, etc. Con esta imagen tan clara del tipo de consumidor que buscas es más fácil armar un plan para buscar personas afines o calificadas para tu producto.

Ejercicio – Elabora tu Buyer persona

Primero nombra el Buyer persona para que sepas a quién estás dirigiendo tu comunicación. Por ejemplo, los prácticos, las mamás trabajadoras, jóvenes emprendedoras, ejecutivos sin tiempo.

Detalla todas las características que crees debería tener la persona ideal a la que le vendes tus productos. Además, puedes especificar edad, nivel de ingresos, situación familiar, pasatiempos, forma de pagar en sus transacciones de compra, nivel de conocimiento de productos de la competencia y finalmente sus comportamientos (nervioso, práctico, numérico, emotivo).

Muchos emprendedores o vendedores no pueden arrancar con un estudio de mercado, pero sí pueden empezar a clasificar a sus clientes y compararlos con sus prospectos, así empezarán a definir con quienes tienen mayor efectividad.

Por ejemplo, en algunos productos de belleza las mujeres pueden tener una mayor efectividad cuando le venden a otras mujeres. Se debe medir con quienes se tiene mayor porcentaje de ventas para que cuando se prospecte orienten todos sus esfuerzos a este tipo de futuros clientes.

Un plan detallado de prospección debe incluir los diferentes orígenes para obtener prospectos, objetivos de obtención de datos, lugares en donde van a prospectar de acuerdo con el perfil y un mercado objetivo; adicionalmente, el plan debe contener las actividades y eventos en donde puede llevarse a cabo la prospección masiva.

Una vez establecido el plan de generación de base de datos, es importante detallar que sucederá después de que el prospecto registre sus datos.

El journey de ventas es un mapa que describe todos los pasos que vivirá un lead dentro de tu organización hasta convertirse en un comprador o un cliente. El journey es algo sumamente importante, es la forma en que se prepara al cliente para la siguiente etapa del funnel, es decir, lo vamos enamorando lentamente. Eventualmente, necesitarás un CRM cuando el volumen de transacciones sea muy elevado y se pretenda administrar cientos de prospectos a la vez.

Mientras más información se obtenga durante la captura del dato, se elevará la probabilidad de que compre. Por ejemplo, puedes enviar de forma multicanal contenido que sea de interés personalizado para tu prospecto, es importante que se mida la tasa de apertura de mails y whats para estar seguro de que el contenido que envías es realmente de valor.

Cuando se elabora el formulario, ya sea físico o digital, debe estar centrado en datos de contacto y de interés. No es útil bombardear al prospecto de preguntas porque se aburrirá y desistirá. Un ejemplo claro son los largos formularios que aparecen en internet, tienen una tasa altísima de desistimiento, más clicks es igual a menos registros. Debes elegir entonces, si tu estrategia va dirigida a volumen o a efectividad.

Ejercicio

1.- Dibuja un Journey de las etapas que vive tu cliente y la comunicación que debes darle dependiendo el origen del dato. Para realizarlo, deberás trazar una línea del tiempo que permita ubicar las acciones a realizar desde el momento en que recibes un dato, lo que sucederá día a día o semana a semana hasta convertirse en una venta.

Por ejemplo, cae el dato, y en automático envío un mail de agradecimiento por el registro, posteriormente le enviaré un video personalizado por whats de nuestra empresa y empezaré la ronda de llamadas hasta contactar.

Una vez establecido el contacto, enviaré mensajes de texto para recordarle la cita que tenemos la próxima semana y al mismo tiempo enviaré whats con videos de testimonios del producto que le presentaremos, etc. Recuerda que el journey es por tipo de buyer persona.

2.- Diseña las preguntas que debes hacer a tu prospecto al momento de solicitar sus datos para poderlo calificar adecuadamente. De acuerdo con la información recabada asignaremos el flujo del journey que se adapte al prospecto identificado.

Base de Clientes Potenciales

¿Qué hago si no tengo una inversión planeada para prospección?

Los asesores de ventas nuevos deben ser capaces de construir su BCP (Base de Clientes Potenciales) desde cero. Para armar la BCP se debe elaborar una lista de nombres con tres clasificaciones: mercado cálido, intermedio y mercado frío.

El primero son las personas que conocen al vendedor de primera mano. Los prospectos son capaces de ubicar su nombre, por ejemplo: su familia, después sus amigos y finalmente, sus conocidos (son personas capaces de ubicarlo, saben su nombre y pueden decir: sí, si lo conozco). Un ejemplo de conocido es el carnicero de la esquina de tu casa que sabe tu nombre y puede ubicarte.

Después está el mercado intermedio, son todas las personas que ubican al vendedor por alguien más, puede ser el papá de sus cuñados, los primos de un amigo en común y normalmente los recomendados están en esta categoría. Aunque los recomendados no conocen al vendedor directamente, tienen algo en común, el referidor.

El tercer tipo de mercado es el frio. Son personas que nunca han escuchado del vendedor ni de sus servicios y son clientes potenciales a los que no se tiene acceso.

Identificarlos ayudará a que se pueda empezar a medir en cuál hay una mejor conversión y en dónde se requiere más volumen de prospectos.

Para ser eficiente en la base de datos generada, se debe calificar a los prospectos en: los que tienen capacidad económica, los que cumplen requisitos de aceptación, los que pueden tomar la decisión y los que tienen dinero. Cada una de estas subclasificaciones son importantísimas porque permiten dirigir la comunicación de venta acorde a su perfil.

Los mejores vendedores tienen sistemas de clasificación de prospectos, que les ayuda a priorizar los cierres de la semana y dar seguimiento a los que tardarán en concretarse las ventas.

Ejercicio

Construye tu BCP y califícalos. Saca tu celular y empieza a clasificar. Haz lo mismo con tus redes sociales. Trata de obtener la mayor cantidad de información, por ejemplo: estado civil, edad, posible nivel de ingresos, le gusta viajar, etc. Es importante indicar el tipo de contacto del que se trata (mercado cálido, intermedio y frío).

¿Qué es prospectar?

Algunas personas llaman equivocadamente prospección a la actividad de llamar por teléfono. Eso es un error terrible. Pareciera que la generación de prospectos es a través de llamadas a personas que no conocen al vendedor para intentar convencerlos de ser escuchados.

Prospectar es la actividad de generación de nombres calificados, contactables y convertibles. Hacer llamadas no es prospectar, es identificar la base de personas a las que se les llamará. Así que, si decidiste marcarle a una base que no está calificada, seguramente perderás mucho de tu tiempo tratando de contactar y convertir una base estéril.

Hay distintas formas de prospectar que van desde el cambaceo, hasta la elaboración de seminarios de captación. A continuación, describiré algunos métodos para la generación de base de datos nueva.

Cambaceo (Salir a buscar clientes)

Esta es la actividad más común porque permite ir en búsqueda de clientes potenciales. Naturalmente, se debe conocer de forma previa quienes son los clientes potenciales (Buyer persona) para poder definir algunas estrategias y saber en dónde encontrarlos.

La página de estadística y geografía en tu país permitirá identificar en dónde están concentrados los negocios o empresas que son del Target de tu producto. Una prospección organizada por zonas ayuda a reducir los costos de cambaceo, planear los tiempos de traslado y evaluar el retorno de inversión.

En los años 60, se le conocía como "vendedor estrella" a aquel que era capaz de viajar en la ciudad de extremo a extremo sin tener una planeación previa. Además de desgastar al vendedor, costaba mucho dinero el gasto operativo de traslado sin la obtención de la base de datos con la calidad esperada.

Cuando cambaceamos, podemos hacerlo uno a uno, es decir, tratar de abordar a personas de forma individual ya sea en un módulo o conversando en algún espacio en común. También podemos dar sesiones breves de nuestro producto, durante reuniones con el personal de alguna empresa en el arranque de una maquiladora o una participación durante una junta de negocios con los líderes de la empresa.

Estas sesiones son un comercial en vivo que deberá ser perfectamente entrenado, de lo contrario, una mala promoción puede implicar que se cierre en un futuro los accesos a la empresa.

Eventos de apertura / Open House

Un vendedor novato puede realizar eventos de apertura de negocio. Ahí, invita a su mercado cálido (el que lo conoce y lo apoya) les pide a los invitados que lleven a un amigo (mercado intermedio), es decir, les dirá exactamente a quién llevar (perfilado) y finalmente, se realizará una invitación abierta a personas que le gustaría que conozcan tu trabajo (mercado frío).

Este último mercado deberá ser convocado a través de publicidad on line u off line. Cuando se apertura un negocio, unas oficinas o un despacho, siempre se debe asegurar que todo el mundo sepa cuál es el servicio y el diferenciador que se ofrece. No debes perder de vista que, aunque el evento es para que conozcan tu marca, debes tener objetivos de base de datos a obtener.

La logística del evento

En la estructura del evento, se deben generar invitaciones formales, llamadas de confirmación, establecer el protocolo de bienvenida y registro (muy importante porque ahí se arma la BCP). Durante la presentación, se les explica a los invitados el objetivo, el propósito social y económico en la localidad, a quién va dirigido y un poco de historia del cómo fue concebido el negocio.

Usa la creatividad a través de videos, animaciones, realidad virtual, códigos QR. Cuando se trata de servicios, se puede llevar un testimonio de éxito de clientes que hayan trabajado contigo. En medida de lo posible, se debe realizar una demostración del producto, es vital demostrar que el producto que se ofrece es real.

Finalmente, el evento debe ofrecer a los participantes un agradecimiento, la oportunidad de comprar tu producto y de generar nombres de otras personas que puedan verse beneficiadas por tu servicio. Todo el evento debe estar plagado de tu marca, teléfonos de contacto y redes sociales.

Asistencia a eventos

Otra forma de obtener base de datos es acudir a eventos donde asiste el consumidor de tus productos, con el objetivo de adquirir productos similares al sector, por ejemplo: expo boda, ferias educativas, ferias artesanales, congreso de tecnología.

En algunos de estos eventos cobrarán tu participación, es importante empezar a vincularse con el medio, establecer relaciones con proveedores y los líderes del sector. En esos eventos, también se prospecta con el famoso "pitch de elevador" y el guion de acercamiento en frío.

El primero se basa en ser capaz de hablar brevemente sobre tu negocio, a lo que te dedicas de forma concisa. Debe ser tan lacónico como el camino que recorre un ascensor entre un piso y otro.

Cuando te preguntan: ¿a qué te dedicas?, la respuesta debe persuadir al prospecto a querer saber más sobre tu trabajo, por ejemplo: me dedico a que las personas ganen dinero con inversiones; mejoro la calidad de las personas de edad avanzada; soy responsable de la comunicación institucional; ayudo a las personas a ahorrar; enseño a las personas a elegir una vida saludable. Sea cual sea el producto, debe poder comunicar un beneficio que despierte interés.

El acercamiento en frío supone un reto importante porque se romperá de manera intencional el distanciamiento con otras personas. El vendedor se acerca y trata de entablar una conversación con un desconocido; algunos pensarán que los estás tratando de asaltar y otros más que pretende flirtear. Dependerá del guion y el lenguaje corporal para conectar con un desconocido que en pocos minutos se convertirá en networking y más tarde en venta.

Si alguna vez has visto a los chicos de captación de donaciones para ONGs, son un excelente referente de cómo debe realizarse el acercamiento en frío. Puedes encontrarlos fuera de algunos centros comerciales, lucen relajados, sumamente sonrientes y pueden abordarte mientras caminas de la siguiente forma: "¿te gusta ayudar a las personas?" "Si", responde la mayoría de las personas.

En ese instante, comienza su cierre "¿te gustaría ayudar a un niño de 6 años que no tiene recursos?, ¿has escuchado que hay cien millones de niños en pobreza extrema?". ¡Son maestros del acercamiento en frío! Saben exactamente que preguntas hacer para generar interés, culpa y un deseo urgente por ayudar.

Naturalmente, el acercamiento en frío requiere que el lenguaje corporal y la vestimenta puedan generar confianza al mercado al que van dirigido. Innumerables negocios se siembran a lo largo de un vuelo mientras dos desconocidos entablan una conversación, luego se convierte en una cita de negocios e intercambios de ideas comerciales y más tarde, en un cierre de ventas.

Encuestas de mercado

Son un método rápido donde a través de algunas preguntas, puedes acercarte al mercado e iniciar una conversación orientada a la venta. Para hacer una encuesta, basta con pedir datos de contacto y generar no más de 5 preguntas. El objetivo, es obtener prospectos calificados de forma rápida. En algunos casos, puedes pedir recomendados dentro de la misma encuesta.

En el sector asegurador los vendedores utilizan algunas encuestas para acercarse a personas en frío preguntándoles directamente a mujeres: "¿qué tan relevante es tener un chequeo para prevenir el cáncer de mama?, ¿consideras importante tener un ahorro para ese tipo de contingencia?, ¿sabes cuánto cuesta un tratamiento médico?, ¿te gustaría recibir información acerca de la prevención, tratamiento y previsión financiera contra el cáncer de mama?". Si la respuesta es no, preguntan si conoce a alguien que puede interesarle.

Centros de Influencia

Dentro de la actividad de prospección, se debe tener claro quiénes son las personas que van a ayudar a dar a conocer tu producto o tus servicios. En la agenda de contactos del vendedor, seguramente identificaremos personas que lo conocen, que son expertos en su materia, son reconocidos por su comunidad o simplemente lo aprecian. Ellos ayudarán a conectar con otras personas, los llamaremos "centros de influencia".

Es indispensable que se haga una presentación profesional sobre los servicios que se ofrecen, que se detalle el beneficio mutuo que van a obtener o quizás un programa de recompensas para los centros de influencia.

En muchas ocasiones bastará con que el vendedor se convierta también en un centro de influencia de la otra persona, por ejemplo, un dentista es un centro de influencia que te recomendará con sus pacientes, a cambio proporcionarás nombres cada semana de personas que pueden beneficiarse con sus servicios.

Este tipo de alianzas pueden hacerse con establecimientos, corporaciones u otros vendedores. Es como si además de vender tus servicios, fueras un promotor de varios negocios.

Definitivamente esto estrechará la relación con el centro de influencia y eventualmente con sus clientes. Los centros de influencia no necesariamente van a ser consumidores de tu producto, ellos simplemente son un recomendador masivo de tus servicios.

Debes estar muy preparado en las sesiones de presentación con ellos porque un centro de influencia se convierte casi en un vendedor por ti. Debe conocer tu producto, la empresa y tener algunos testimonios ganadores de clientes para poder generar la recomendación.

También, siempre debes pedir retroalimentación y dar seguimiento a las personas que se refieren sobre el estatus de compra y conversarlo con el centro de influencia.

Identificación de nichos de mercado

La prospección en nichos de mercado va desde investigar históricos de consumo, saber sobre los competidores, la zona de influencia para comercializar, conocer las cámaras de comercio, ingresar a asociaciones de expertos en la materia o a grupos de Facebook de consumidores que buscan el mejor producto al mejor precio.

En México la Asociación Mexicana de Intermediarios de Seguros (AMIS) es un excelente ejemplo de nicho de mercado. Se dedica a difundir la cultura de los seguros en México, muchos vendedores son parte de este tipo de asociaciones para enterarse del rumbo del sector y del consumidor. Si bien no vendes en ese grupo, puedes asociarte con otros vendedores para complementar tu portafolio.

Otro ejemplo en ambientes digitales de nichos de mercado es el grupo: "Chavorucos de CDMX" en Facebook; son personas mayores de 35 años que comparten temas relacionado con la nostalgia de los 80s, en el grupo se comercializan productos de esa época. Los nichos pueden segmentarse por intereses, nivel de ingreso o incluso por demografía o geolocalización.

Se debe ser cuidadoso y recordar que lo primero es establecer una relación con el grupo y las personas, suele haber vendedores muy agresivos que son de inmediato identificados y eliminados de los grupos o excluidos de los eventos de convivencia por intentar vender todo el tiempo.

Los nichos de mercado suelen trabajarse por largo tiempo antes de dar frutos de venta.

Publicidad

Esta es la acción más común para generar tráfico y base de datos, sin embargo, también es una de las más costosas si no está planeada, presupuestada y diseñada para la generación de base de datos. Existen dos tipos de publicidad: la que se usa para conocimiento de la marca (branding, awareness) y la que genera una acción, que puede medirse de forma inmediata con base de datos (call to action).

El segundo tipo, es una publicidad que invita a las personas a dejar sus datos y a dar click en un enlace para registrarse. Esa es la forma de medir si la publicidad está orientada a generar base de datos o simplemente a que te conozcan.

Eventualmente, podrás determinar las tasas de conversión de cada uno de tus medios publicitarios para saber en dónde invertir de forma rentable.

La publicidad puede ser on line y off line

On line para el pequeño emprendedor o el vendedor face to face pareciera que se reduce al hecho de hacer publicidad. Los tres errores más comunes en la generación de leads vía digital son: falta en la estrategia de inversión, falta de segmentación y proceso de atención del lead.

El primer error es lo más común, sin saber mucho de tu buyer persona, ni de segmentación, ingresas capital para redes sociales pensando que te va a dar muchos prospectos.

En el mejor de los casos funciona, pero lo que no te has dado cuenta es que los modelos de redes sociales van dirigidos a que eventualmente pagues más y de forma repetida (también es un negocio) y la razón es simple, el algoritmo debe buscar personas perfiladas para tu producto. Mientras más pasa el tiempo, debe esforzarse más por encontrar a las personas que quieres.

El segundo error es tener audiencias muy amplias sin segmentación. Un ejemplo de audiencias segmentadas sería buscar a 5 hombres rubios de 35 años de ojos azules en medio de un parque de diversiones en un sábado; se requiere un mayor esfuerzo tener todas las variables cubiertas: rubios, que estén en el parque de diversiones, que tengan 35 años, sean hombres y ojos azules.

Ahora, piensa que se pagó a un investigador 100 pesos por encontrarlos y después se le piden 10 rubios más. Naturalmente, el investigador cobrará más dinero porque encontrar a otras personas rubias en el mismo parque de diversiones pudiera parecer sencillo porque ya aprendió las características, pero la audiencia es la misma del sábado así que a menos que sea un requisito de admisión ser rubio, poco a poco irán agotando las posibilidades de encontrar candidatos perfilados, tendrás que pagar más, cambiar de parque de diversiones o de investigador.

Entonces, si vas a invertir dinero tienes que hacerlo gradualmente y empezar a probar el algoritmo haciendo segmentaciones y probando campañas simultaneas. Esta actividad es sumamente relevante, de nada va a servir que traigas datos que parece que tienen las características solicitadas, si no van a convertirse en leads o en venta porque realmente no son de buena calidad.

La magia para convertir prospectos a clientes que llegaron por publicidad on line, está en tener la estructura de atención a cada uno de los leads. De nada sirve que se pague publicidad si no va a convertir porque no hay estructura para atenderlos.

He visto cientos de casos en donde se paga publicidad, llegan los datos y nadie los atiende rápido, no existe un responsable de la comunicación, el consumidor no puede comprar de forma autónoma, no se ofrecen diferentes opciones de pago, no hay un sitio con las capacidades para ofrecer los productos de forma correcta y no hay un proceso de nurturing para cada prospecto, por lo tanto, la inversión se irá a la basura.

Muchos vendedores pretender anclar los productos a una marca personal, es decir, usan redes sociales personales para promocionar el producto que venden.

Desafortunadamente, la publicidad individual (en redes sociales no institucionales) encarece el lead digital porque la empresa paga por una palabra acorde a la demanda que se tiene en el ambiente digital, si hay muchos vendedores que están pagando por la misma palabra en sus redes individuales, el precio será mayor.

Otra de las implicaciones, es que la publicidad en redes sociales individuales no está regulada por el área de mercadotecnia dejando a la deriva las transacciones que haga el cliente con un "individual".

Hace algunos años, en una empresa de servicios crediticios, un vendedor comercializaba por whats e Instagram. Muchos de los gerentes aplaudían la innovación e iniciativa de "ir más allá". Un año más tarde se descubrió que vendía a un precio mayor y que se quedaba con el excedente del dinero, les pedía depósitos en cuentas personales y además hacía promesas sobre garantías del producto.

Vendía otros productos a la base de datos que había generado la empresa e incluso vendía productos de la competencia a menor costo. Cuando la auditoría intentó armar el caso debido a las quejas de los clientes, nadie podía solicitarle accesos a sus redes personales y el caso se abordó de forma penal gracias a los testimonios y la ayuda de los propios prospectos defraudados.

Los vendedores excepcionalmente buscan que la empresa sea más rentable en el largo plazo y que el costo de adquisición de los clientes sea el mínimo de la industria. Si quieres que tu fuerza de ventas innove, capacítalos, regúlalos o contrátalos en el departamento de mercadotecnia.

Offline

Es la publicidad que conoces y que cada día es menos frecuente. Algunas empresas crean folletos de su producto, anuncios espectaculares o materiales llamados POP. El objetivo de la publicidad off line debe ser generar prospectos e incentivar una acción para que el prospecto pueda comunicarse con la empresa.

Por ejemplo, el número de teléfono, un número de whats o alguna página donde se puedan localizar al vendedor para comprar o agendar una cita. Siempre se debe cuidar que los materiales estén alineados a la marca, logotipo, tipo de letra, colores apegados al manual de identidad.

Cuando pensamos en publicidad off line a veces el vendedor quiere generar materiales personalizados innovando un plan de comunicación a los prospectos, normalmente esos esfuerzos terminan en una catástrofe porque no es experto en mercadotecnia y pierde detalles importantes como la ortografía, el número de palabras, los colores y tipografía institucional.

El daño que puede hacer un vendedor a la marca puede ser irreparable por falta de supervisión en la información que se genera de forma escrita (mail o whats). Si el vendedor tiene que crear materiales de comercialización, entonces, mercadotecnia no está haciendo su trabajo.

Módulo 3 Recomendación

¿Podemos dar la recomendación de un restaurante si no lo hemos visitado? Normalmente, una recomendación sucede cuando hemos experimentado la calidad del servicio o del producto. La experiencia de recomendación lleva una alta carga emocional porque deseamos que nuestros amigos y familiares experimenten lo que nosotros vivimos.

La petición de recomendaciones debe ser lo más específica posible, por ejemplo, cuando solicitamos a un amigo que nos brinde los nombres de algunos restaurantes de la ciudad, seguramente mencionará de todo tipo: alta cocina, comida rápida, asiática, callejera, etc.

Si preguntamos por un restaurante de comida mexicana, que tenga buen sabor, que el precio sea acorde a cierto presupuesto y que sea higiénico, seguramente obtendremos una excelente recomendación.

El sistema de Forsquare tiene la premisa de recomendar los lugares que has visitado, puedes dejar una calificación del servicio, eso permite que la recomendación tenga confiabilidad y sobre todo credibilidad para que nuevos cliente visiten el lugar. Recomendar es el sistema mas barato para atraer clientes.

En las ventas, un referido es simplemente el nombre de una persona que nos ha proporcionado alguien que nos conoce. Un recomendado, es un prospecto nuevo que nos otorgó alguien que ya conoce nuestros servicios, es decir, que ya se hizo la labor de venta. Normalmente la persona que proporciona el recomendado está motivada para que conozca el producto que ofreces.

Los referidos tienen menor conversión que los recomendados, es un error pensar que los referidos convertirán igual que los recomendados porque gracias al recomendador la venta está prehecha. Los recomendados son el origen con la mayor conversión de ventas por sobre todos los canales.

El recomendado es un cliente potencial que ya ha sido calificado por tu prospecto proveedor (el recomendador). Al mismo tiempo, el recomendado debe ser capaz de ubicar al prospecto, a ti y a tu producto.

Si al vendedor le han pasado un nombre con teléfono, y piden que no revele la forma en que se obtuvo los datos, desconoce por completo los servicios, lamentablemente, te han dado un dato frío que difícilmente dará conversión. Es decir, si el que te proporciona los datos de contacto no quiere que lo relacionen contigo, tenemos un serio problema porque el recomendador no ve valor en lo que se ofrece, cree que pudiera ser una molestia tu presentación.

Un recomendado de baja calidad, podemos atribuirlo a dos situaciones: La primera es falta de técnica al momento de pedir recomendados; la segunda es que la ejecución de la venta fue de mediana o mala calidad, y por eso el prospecto no quiere que nadie más viva ese momento.

Ofrecer una experiencia extraordinaria en todo momento desde que se prospecta, es la clave de la recomendación. La presentación durante la prospección debe tener los más alto estándares de calidad. Durante la contactación, el proceso debe ser impecable, en la entrevista de venta no debe haber dudas que se trata de la mejor empresa, la mejor compañía y el mejor asesor.

Las personas nos enamoramos de esas tres características: producto, marca (compañía) y vendedor para elegir comprar y recomendar. Nadie quiere enviar a una persona que aprecia con un asesor con mala actitud, mal preparado o en una empresa de procesos deficientes, por lo tanto, pedir recomendados, debe ser concebido como el pago inicial del proceso de venta. Compre o no compre, el pago serán los recomendados.

Existen dos razones por las que los vendedores no obtiene recomendados: La primera y la más importante, es porque el vendedor no los solicita. El asesor tiende a concentrarse en el cierre de la venta y por asegurar el pago inmediato, pierde el momento para pedir recomendados.

Se debe tener un sistema para que recuerde constantemente la solicitud de recomendados durante la venta. También, es vital instruir el momento en que debe solicitarse, ya que no sabemos si volverá a ser contactable el prospecto o tendremos otra oportunidad para hablar de la recomendación.

La segunda razón, es porque les da vergüenza o temor pedir recomendados. Si el proceso de cierre de venta estuvo lleno de objeciones, fue desgastante el seguimiento o el cliente se mostró resistente hasta el último momento de la compra, el vendedor pensará que si pide recomendados la venta se caerá. Una vez que firma, el asesor no quiere provocar el desistimiento del prospecto, es decir, ve como una molestia la petición de recomendados.

El asesor debe darle valor a su trabajo y comprender que, si la venta fue compleja, es mucho más meritorio pedir recomendados, porque mostró que el producto tiene un valor que, hasta el cliente más difícil después de comprarlo, lo alcanza a reconocer.

Creer en el producto, permite que el cliente perciba que hay honestidad en lo que se comercializa, con ese sentimiento, invariablemente el prospecto dejará a atrás la barrera para darte recomendados de calidad por el simple hecho de saber que no estás vendiendo humo, y que el vendedor es confiable y hablará bien de los servicios en cada oportunidad, se convertirá ahora en tu vendedor.

Una vez que el cliente está perdidamente enamorado del producto, el vendedor debe asegurarse de que el cliente repita exactamente lo que debe comunicar en sus interacciones cuando recomiende al asesor.

Cuando solicitamos recomendados debemos ayudar al cliente a entender con qué tipo de personas nos gusta trabajar. A ningún vendedor le gusta perder el tiempo con prospectos que difícilmente van a convertirse a venta o que incluso, llegan a una cita en donde se comportan de forma prepotente y grosera.

Independientemente de la calificación del prospecto (que pueda pagar, que tenga interés de comprar y que pueda tomar la decisión económica) debemos conversar con el recomendador del perfil de nuestros clientes. Buscamos relaciones a largo plazo para revender, así que, también debemos elegir con qué tipo de clientes queremos hacer negocios.

La prospección a través de recomendación es una actividad de reputación, si el asesor se portó muy mal durante años con sus vecinos, sus ex colegas de trabajo o con sus compañeros de escuela, se habrá reducido el mercado natural a prácticamente su familia. Si el nivel de reputación es bajo, no querrán escuchar al vendedor, comprar, ni mucho menos recomendar; entonces, hay que empezar a calentar el mercado para obtener recomendados.

Es indispensable reactivar la vida social, asistir absolutamente a todas las fiestas, cumpleaños, bautizos, bodas, funerales, saludar en navidad, día de las madres, del niño, etc.

Es necesario construir un puente de comunicación en donde eventualmente, (dos o tres interacciones) comenzarán a hablar de negocios, es muy simple, estar presente en la mente de tus conocidos y clientes para que puedas después empezar a pedir recomendados.

Para ser recomendable, el vendedor debe convertirse en el mejor en su campo. Para ser reconocido como experto en el tema, al mismo tiene que desarrollar su imagen profesional para ser identificado como un referente del mercado y finalmente, debe desarrollar una personalidad sumamente cálida como ser humano para poder ser recordado como un asesor que se interesa por sus clientes más allá de su billetera.

A veces, el propio vendedor es el detractor de su imagen y frecuentemente cree que ha llegado al escalafón más alto del desarrollo profesional por haber cerrado algunas ventas.

Es vital que siempre exista una mejora continua, que su entorno pueda palparla, específicamente sus clientes deberán reconocer constantemente el valor que le brinda su asesor. Una de las técnicas que resulta sumamente efectiva para obtener recomendados son las encuestas de servicio.

Las encuestas de servicio son sumamente útiles para ir revisando al finalizar la entrevista de la venta si todos los temas han sido cubiertos de forma satisfactoria, por ejemplo, se puede preguntar si la información ha sido clara, sobre el trato recibido por parte del asesor o para saber si es recomendable. Se deben hacer preguntas para que el prospecto pueda verbalizar el valor que percibe por parte del asesor para poderlo recomendar.

Durante el servicio de postventa, también hay una gran oportunidad. Es necesario revisar si el servicio por parte del asesor está siendo el adecuado y frecuente. No es necesario esperar al aniversario de la venta, siempre es un buen momento para hacerse presente, evaluar la calidad del producto y hacer sentir al cliente escuchado y atendido.

¿Qué tan recomendable eres?

La respuesta puede ser un tanto dolorosa porque confronta las expectativas que pueden tener otros hacia nuestros comportamientos y nuestro trabajo profesional. Por ejemplo, un cliente espera que su asesor sea concreto, directo y que responda sus preguntas, en cambio, el asesor busca hacer una demostración detallada de su producto para que el cliente tome la mejor decisión.

La expectativa no se está cumpliendo. Cada minuto que siguen interactuando, el vendedor se aleja más de estar en la lista de los recomendables. Es indispensable validar que las expectativas están alineadas entre el cliente y el vendedor para poder al menos cumplir lo que esperaba el prospecto.

A continuación, algunas preguntas que pueden ayudar a evaluar el nivel de recomendación que puede generar un vendedor partiendo de la expectativa que genera:

Durante la entrevista de venta ¿da la impresión de que el cliente está hablando con el mejor de la industria?

¿El vendedor puede hablar como experto del tema mencionando crecimiento de la industria, los principales competidores o los productos similares para poder identificar las desventajas que tiene el producto que comercializa frente a otros?

¿El asesor de ventas es capaz de distinguir las características de un producto y traducirlos en beneficios?

¿Cuántas horas a la semana el vendedor dedica a preparase para mejorar su conversación de negocios, su imagen o sus habilidades interpersonales?

¿El vendedor es capaz de describir el mercado al que se dirige su producto y puede enlistar las características del buyer persona para mejorar su prospección?

¿Cuál es la tasa de recomendación de vendedor?

Módulo 4 Presentaciones efectivas

Los profesionales entrenamos, no improvisamos

¿Qué tan bueno eres comunicando lo que realmente es importante? Hay que distinguir entre ser desinhibido para hablar en público, ser capaz de hablar durante horas y otra muy distinta es ser efectivo en lo que queremos transmitir.

La forma de enviar un mensaje es tan importante como el contenido del mensaje. Si el vendedor cuenta con ambos, las probabilidades de éxito son enormes. Diseñar y practicar una presentación para que sea efectiva, es la clave de una buena prospección y una extraordinaria venta.

Las presentaciones efectivas tienen ciertas características: la primera, es que siempre mantienen la idea central, es decir, el objetivo de la sesión que están impartiendo debe ser lo más compacto y sencillo.

La presentación debe poderse resumir de forma lacónica cuando pregunten ¿de qué se trató la presentación? Obviamente no es tan sencillo como describir la marca, la historia de la empresa. Para muchas empresas es difícil aceptar que no todo lo que le quieren comunicar a sus prospectos y clientes les interesa. Definitivamente, hay que elegir certeramente lo que queremos comunicar para enviar un mensaje poderoso y memorable.

Después de una presentación ¿qué es lo más importante o significativo que recordaría un prospecto?, ¿cuándo termina una presentación, realmente el contenido será tema de conversación en casa de los clientes?, ¿en la siguiente junta directiva recordarán los detalles de la presentación?

Si el cliente recordó la amabilidad, la ropa con la que estaba vestido, las muletillas que usó al hablar, las faltas de ortografía que tenía la presentación, lo desgastado de los materiales, o cualquier característica técnica del producto, la presentación no fue efectiva.

Todo se resume en falta de práctica y desapego del proceso. Cuando hacemos una presentación estamos haciendo un comercial en vivo y, absolutamente todos los elementos cuentan en la percepción del consumidor.

La atención del prospecto dura tan sólo unos minutos, es totalmente inconsistente, lo mismo da ponerte atención a ti, que voltear a ver un panecillo, revisar su teléfono o estar recordando situaciones personales.

Estructura de la sesión

Cuando hablamos, debemos tener una estructura en absolutamente todas nuestras conversaciones y saber qué es lo más relevante de todo el contenido que quieres que la audiencia se lleve. La estructura de la sesión inicia con un texto sencillo de la idea principal, esta idea, se rodea de argumentos que van reforzando y justificando a través de números estadísticos, historias, testimonio o algunas referencias que apoyan a la idea central, pero jamás deben destacar más que la propia idea principal.

Cada palabra cuenta, hoy en día se desestiman las horas de práctica, los cientos de veces que debe practicarse para estar seguro qué el mensaje principal va a transmitirse con la calidad que se desea. La presentación debe estar sistematizada y centrarse en la idea principal.

Es necesario crear un guion de la presentación para dar estructura, y que todo el tiempo se centre el discurso en la idea central sin permitir que se desvíe o distraiga del sentido de la conversación.

La audiencia a quién diriges la presentación

Siempre se debe investigar a quién va dirigido el discurso y conocer los detalles del tipo de lenguaje que se puede utilizar. Algunos vendedores han fracasado en el intento de presentar sus servicios a una audiencia en donde algunas palabras son mal percibidas, juicios de valor que emplean sobre los clientes o calificativos empleados sobre la competencia que derriban toda credibilidad.

Entender la audiencia es crucial para establecer una conversación dirigida al rol de las personas a las que estamos presentando.

Por ejemplo, las preguntas que tiene el CFO de una empresa son muy diferentes a las que hará el representante sindical o el dueño del negocio y más aún, si es una presentación dirigida a mujeres madres solteras o jóvenes de preparatoria.

Estudiar el segmento al que le vamos a vender, ayudará a que se mantenga el interés en la presentación con ejemplos ad hoc a la audiencia.

Los gráficos de la presentación

El asesino de una presentación efectiva es la falta de esmero en cada texto. Sí, la ortografía es básica y es imperdonable que un anuncio tenga errores en un medio masivo o en una presentación de negocios.

Al tener errores de gramática u ortográficos, se pierde toda credibilidad se refleja poca atención al detalle, falta revisión y supervisión. El tamaño diminuto de las letras también es motivo de desconexión con la audiencia, en lugar de poner atención al vendedor estarán tratando de descubrir qué significa tal número que no se alcanza a visualizar.

Algunas presentaciones requieren tablas y diseño de imagen a través de plantillas. Siempre debe mantenerse una imagen uniforme durante la presentación, mostrando la paleta de colores el estilo de las letras y su tamaño homogenizado. Cuando se elabora una presentación personalizada con los logos y colores de una empresa, se debe pedir el manual de identidad y los logotipos oficiales.

Para el uso de imágenes, se debe considerar que estén libres de marca de agua para poder utilizarlas. Las imágenes deben ser de alta resolución en tamaño grande que permitan incorporarse a las diapositivas sin que se pierda la calidad.

Las imágenes deben ser acordes al mensaje y la audiencia, por ejemplo, una presentación con superhéroes y colores brillantes quizás no es apropiada para el comité directivo de una compañía.

En una presentación de power point donde se utilizan efectos visuales, transiciones e imágenes en movimiento también deben ser congruentes con el contexto de la presentación para evitar generar un distractor innecesario.

Es importante evitar el uso excesivo de texto. Diapositivas recargadas de información hacen que el prospecto comience a leer y se distraiga de lo que habla el vendedor. Eventualmente se cansará y dejará de poner atención, pedirá que le envíen la presentación para leerla con calma y avisará si tiene alguna duda.

La presentación debe contener mensajes clave para transmitir al prospecto en bullets y viñetas. El contenido numérico, estadístico debe ser sintético y representativo. Naturalmente, la diapositiva llevará una explicación y conclusiones en cada tópico. Se debe evitar a toda costa mezclar animaciones con fotografías, letras, emojis y tablas al mismo tiempo.

Para contrarrestar que una presentación sea abrumadora para el prospecto, se debe dividir en pequeños segmentos o temas para ir enmarcando la idea central. ¿Cuántas diapositivas usar para que la presentación no sea muy larga? El parámetro general son 3 min por diapositiva.

Algunas diapositivas contendrán ejemplos, testimonios, datos y los participantes interrumpirán con dudas, por eso se establece esa duración en promedio. Las diapositivas de transición son super importantes porque permiten ir cambiando de tema de forma ordenada y concluyendo cada segmento de información, es decir, delimita cada contenido.

Durante una presentación es probable que sea necesario apoyarse con materiales impresos o presentaciones físicas, para ello se deberá asegurar que estén en perfectas condiciones y con las señalizaciones del manual de identidad para resguardar la calidad. Los materiales impresos son el tangible de la empresa y muestran la forma en que cuidan su identidad frente al mercado.

Algunas industrias ameritan mostrar sus presentaciones en otro tipo de formato, por ejemplo, Prezi, es una herramienta dinámica para presentar en diferentes dimensiones las transiciones de temas, este tipo de herramientas puedes utilizarlos para procesos largos como en CRM, flujos de efectivo o diagramas de procesos de punta a punta.

Existen materiales interactivos para presentar como realidad virtual, maquetas 3D, videos multimedia o demorobots. Los prospectos que interactúan con los productos que se quieren comercializar, o usan este tipo de herramientas, muestran mejor predisposición al cierre de la venta. El éxito de una presentación de ventas es lograr que el consumidor palpe el producto, valide la calidad a través del vendedor y diferencie la marca.

Las experiencias sensoriales incrementan las posibilidades de cierre, un ejemplo claro es en la industria automotriz en donde hace algunos años, el cliente podía armar su futuro auto desde la comodidad de su computador, pero la conversión de ventas era menor. El cliente prefiere ir a la agencia, subirse al auto, sentir, oler, palpar y visualizar su futuro auto.

El lenguaje corporal

Existe una vasta literatura sobre la interpretación del lenguaje corporal. En este bloque me centraré en darte algunas recomendaciones 100% prácticas para mejorar tus presentaciones.

Una persona que no tiene control sobre su cuerpo necesita entrenamiento o su cuerpo se volverá un distractor en cada frase, movimiento o desplazamiento. Algunas personas piensan que los artistas, conferencistas y vendedores profesionales improvisan y que el show fue producto del talento del presentador, esta premisa es totalmente falsa.

Un profesional entrena, hace de su cuerpo y su expresión facial una herramienta más para reforzar el mensaje de la idea central y dramatizar los argumentos con mayor intensidad.

Una vez que se ha desarrollado la presentación física, se debe contar con un guion que describa el contenido de la sesión y completar con una escaletilla de movimientos corporales, gestos e intención de las frases para que la idea central de cada dispositiva sea clara y contundente. Los actores y directores de escena tienen claro cómo hacer de un texto toda una experiencia memorable.

Durante las presentaciones de vendedores que no han practicado lo suficiente o que no cuentan con un proceso de presentaciones podemos observar los siguientes errores:

Bailan. Nada puede verse más improvisado que moverse de un extremo a otro durante la presentación. Este tipo de movimiento hace que la audiencia oscile de un lado a otro y pierda el mensaje gráfico o verbal que está expresando el presentador.

Que el vendedor ¡no baile!, traza sus movimientos, identifica las translciones en donde se hará los movimientos y exactamente en qué momentos de la presentación no debe moverse ni un centímetro. El presentador no puede retroceder jamás dando la espalda a la audiencia y mucho menos dar pasos hacia adelante o hacia atrás, como si fuera a salir huyendo en cualquier momento.

Cruzar las manos, los pies y los brazos. Algunas personas son propensas a cruzar los brazos, ponerlos sobre la cintura y entrelazar las manos. Algunos pensarán que simboliza autoridad, otros, que simplemente expresa comodidad. El presentador no tiene por objetivo estar cómodo, sino cautivar a su audiencia y reforzar la idea central sin pretender ser arrogante.

Tocar partes de cuerpo u objetos con las manos. Es una de las muletillas corporales más comunes porque las personas buscan apoyos físicos para controlar el estrés de la presentación. Algunos vendedores se convierten en verdaderos saboteadores de su propia presentación, por ejemplo, tocarse constantemente la barba, morderse los labios, tocar las orejas, acomodarse el cabello o rascarse alguna parte del cuerpo.

Este tipo de muletillas sólo se eliminan hasta que el asesor es grabado haciendo la presentación y durante la revisión se hace evidente los fallos para que sea consciente y pueda corregir.

Ajustarse la ropa o los accesorios. Cuando la vestimenta no es la adecuada (me refiero a la talla) simplemente no te la pongas si es incomoda. Muchos asesores durante la presentación se ajustan la corbata constantemente, jalan la falta hacia abajo, se fajan la camisa, se quitan los aretes, suben sus pantalones o tiran de su saco; casi en todos los casos se trata de comodidad en la vestimenta.

Cuidado de la imagen. No quiero obviar respecto al cuidado de la ropa. Más allá de la marca de la ropa o el diseño, se debe cuidar que su aspecto sea impecable, limpio y en excelentes condiciones. La falta de botones, la ropa descocida, hilos sueltos, zapatos mal engrasados o ropa desgastada son distractores que pueden hacer dudar al cliente del cuidado con el que se trata al producto o a los clientes.

Aunque parezca una exageración, es sorprendente como los prospectos nos fijamos en todo cuando estamos frente a un vendedor. El bigote y barba afeitados, el maquillaje profesional, el aseo en las uñas, dientes, el cabello y el aliento son básicos, no sólo de las ventas, sino de un profesional de calidad. El trabajo está, en asegurarse de que tu prospecto lo note.

Lenguaje Facial

Las expresiones del rostro son sumamente poderosas al momento de transmitir un mensaje porque llevan información e intención (emocionalidad). Muchos asesores piensan que entrenar la presentación de ventas es simplemente repetir un guion y están completamente equivocados. Cada frase y cada palabra llevan una impresión distinta que se quiere impregnar en el prospecto.

Seamos sinceros, no siempre comunicamos la emoción que queremos. Hay asesores que hablan del "mejor producto" pero, al observar su rostro, nos damos cuenta qué es completamente infeliz vendiendo de puerta en puerta.

Mantener un alto nivel de energía transformada en una gran sonrisa no es sencillo, en cada presentación de ventas se debe tener claro lo que se quiere comunicar. No en todas las presentaciones tu rostro expresará felicidad desbordante, cada producto, y marca buscan transmitir ideas y sentimientos específicos, algunas, intentan vender por miedo otras por amor.

Para muchas compañías, transmitir honestidad, seguridad, confianza, flexibilidad es importante. Entonces, el asesor debe preguntarse: ¿cómo me veo cuando hablo de la honestidad?, ¿es igual a cuando hablo de un producto que es costoso, pero ofrece una ventaja competitiva sobre otro?, ¿realmente expreso el valor de mi producto?, ¿mi rostro refleja vergüenza porque pienso que es muy caro?

Cuando escuchamos que el vendedor debe "agrega valor", el asesor debe estar convencido de que lo que se vende es extraordinario. Una forma de saber si el vendedor está comprometido con la marca y el producto, es cuando verbaliza, muestra con su cuerpo y rostro que efectivamente vende el mejor producto.

Para poder reconocer esta emoción, es necesario hacer una introspección y usar recursos de experiencias personales en donde repliquemos esas experiencias emocionales. Por ejemplo, recordando ¿cómo te ves cuándo estas muy feliz de haber logrado una meta? o ¿cómo se ven tus ojos y tu sonrisa cuándo ves a tu pareja?

La magia de las presentaciones efectivas está en poder llevar a los negocios las experiencias emocionales personales y usarlas como herramientas de comunicación.

El paralenguaje

Este elemento ha sido muy estudiando y francamente es complejo describirlo en un texto porque el paralenguaje es una serie de sonidos resultado de las inflexiones verbales, la entonación, el ritmo y velocidad con que se emiten las palabras.

Los diferentes tonos de voz que alcanza una persona al hablar, el volumen, los matices que se usan en una conversación, la dicción con la que se emite el sonido y la calidad del sonido mismo, son algunos de los parámetros para evaluar el paralenguaje.

La base para aprender el paralenguaje está en la gramática y la correcta lectura de un texto. Imagina como hacen los actores para poder interpretar diferentes estados de ánimo, cambiar la voz dando personajes únicos, haciendo doblaje de personajes animados; todo inicia con una lectura de texto ejecutada como lo marca la gramática y la ortografía.

Entonces, la presentación debe estar escrita correctamente de tal forma que cualquier persona que lo lea pueda transmitir el mensaje con las reglas básicas gramaticales.

Dentro del texto se identificarán palabras que evocan emociones (normalmente son los beneficios y características del producto) también se observará que hay información que amerita que el volumen sea mayor o que el tono de voz sea ligeramente más agudo (a esto lo llamamos acentos) que permiten captar la atención del prospecto.

Sabemos que la atención del prospecto dura algunos segundos, por eso, es importante tener texto que no sea determinante para el cliente, es decir, texto de transición.

Estos textos son ideas que no son determinantes para la compra, y que el vendedor puede comunicar. Obviamente la presentación no puede estar llena de paja, de lo contrario se trataría de una capacitación, y no hay nada más aburrido para un prospecto que recibir exceso de información que no va a determinar la compra.

Muchas compañías sienten herido su ego al pensar que lo que para ellas es importante para el prospecto no. Innumerables veces he visto fracasar a vendedores porque en medio de su presentación, el cliente simplemente abrió el celular, reenvió un par de mensajes y cuando regresó a la conversación le pidió al asesor "ve al grano". Normalmente, si el cliente quiere saber algo, lo va a preguntar directamente.

Los profesionales practicamos cientos de veces hasta conseguir nuestro objetivo, comunicar claramente la idea central. Detallamos y trazamos la presentación. Cuidamos hasta el más mínimo detalle para que podamos comunicar a través de nuestros cuerpos, rostros y voz una verdadera presentación efectiva.

Módulo 5 Acercamiento telefónico

Hace no muchos años, empezamos a vender a través de carritos de compra, whatsapp, redes sociales e incluso implementamos robots de auto respuesta para vender nuestros productos.

Claramente, con el aumento de productos en el mercado, los prospectos estamos saturados de comunicaciones para vendernos. Varias compañías piensan que hablar por teléfono y generar ventas telefónicas, tarde o temprano pasará a la historia para dar paso al autoservicio en todos los sectores.

Desde la perspectiva del consumidor, siempre será necesario contar con un soporte humano que permita entablar una conversación en donde pueda resolver sus dudas, ser escuchado y compartir información que le permita sentir que es tratado como una persona. ¿Las empresas realmente piensan que los humanos no queremos comunicarnos?

Quizás lo que no queremos es comunicarnos con personas que actúan y se comunican como robots dando respuestas lacónicas, impersonales y transaccionales. El consumidor no quiere hablar con una máquina, quiere hablar con un humano eficiente.

Seguro has observado IVRs interminables que dejan frustrados a los prospectos por no obtener lo que buscan, chats en donde nos dejan en visto o landing page que no aceptan tu pago. Después de cientos de mails tratando de resolver su problema de compra, alguien de la empresa le genera una llamada de venta, literalmente lee el guion del chatbot y el cliente se siente feliz por haber completado su compra con alguien que lo entiende.

La automatización genera eficiencia en gastos, hace más rápidos algunos procesos, pero nunca, podrá suplantar a un humano que puede decir: "entiendo cómo te sientes, yo te ayudaré a comprar lo que necesitas".

Aunque los futuristas de la revolución digital hablen qué el e-commerce es la única fuente que existirá en un futuro, es necesario recordarles que la revolución industrial marcó un precedente sin retroceso sobre la producción, sin embargo, a más de 200 años no ha podido solucionar muchas de las necesidades sociales y que hoy en día siguen sin resolverse.

Las personas que hemos vendido, podemos dar testimonio de prospectos que compraron por el simple hecho de ser escuchados, comprendidos y valorados. La generosidad y calidez de los vendedores cuando le enseñan al cliente a hacer uso de los productos que compró son irremplazables.

Vendedores que ejercen su paciencia al repetir información para personas de la tercera edad, las agallas un asesor inyecta a su prospecto cuando duda de hacer una compra, incluso la complicidad que surge en la compra de un auto con el vendedor, ninguna máquina puede sustituirlo hoy en día, y al menos en los siguientes 300 años tampoco lo hará.

Para las compañías que apuestan por modelos de contactación a través de humanos (ejemplo, los seguros de vida) el objetivo es lograr que las personas estén perfectamente entrenadas para mantener la calidad y la humanidad que se requiere.

Hacer que una persona domine la información, el proceso, pueda hacer preguntas, resolver, diseñar soluciones y generar cierres de venta en la misma llamada, es posible si la estrategia de acercamiento telefónico está diseñada pensando en el cliente y no en ahorrar dinero.

Si bien existen compradores profesionales que se documentan, leen, revisan opiniones sobre el producto y en muchos casos son más expertos que los propios vendedores, muchos otros clientes necesitan asistencia en el proceso de adquisición de un producto, por eso se debe diseñar comunicaciones por tipo de comprador.

¿Por qué los guiones son importantes?

Creo que nadie duda de la utilidad de los guiones telefónicos, el problema es que los humanos se rehúsan a usarlos. La razón del rechazo es la falta de entendimiento sobre la importancia del uso del guion, y las implicaciones positivas que tiene el emplearlo de forma adecuada con un prospecto. A los ojos del vendedor, es demasiada información.

Como directores de venta, el primer error al tratar de implementar guiones es pensar que un asesor no puede aprender información porque parece difícil. Esta postura es sumamente condescendiente e incluso victimista, debemos asumir que aprender un guion es pan comido para un adulto comprometido con su profesión si está bien reclutado.

Reclutar talento que comprenda que deberá aprender información de memoria es el primer paso para erradicar la cultura de la aberración de los guiones. El candidato debe estar perfilado para aprender rápido y el entrenador deberá desarrollarlo para que el guion deje de sonar acartonado.

Se requiere de un alto compromiso de la organización para impulsar que los vendedores ejecuten el proceso de llamada telefónica, de acuerdo con los estándares que se esperan en los guiones.

Si en cada llamada se permite que cambie el contenido, nunca se podrá mejorar; de ahí la importancia de tener un modelo de llamada fijo que se pueda medir constantemente.

Para desarrollar un modelo exitoso de llamada telefónica se requiere definir el objetivo final. Es muy distinto buscar una cita de ventas a tratar de vender por teléfono. Aunque en ambos casos pueden compartir la estructura de contacto, el cierre de la llamada será totalmente distinto y deberá contemplar escenarios múltiples que le permitan al vendedor cerrar su objetivo.

Para establecer una comunicación ordenada, estandarizada y segmentada, es necesario crear la arquitectura de guiones por tipo de prospecto al que se le realizarán llamadas, de esa forma la compañía y el asesor podrán aprender a comunicarse de forma más efectiva por tipo de prospecto.

Requisitos para construir la arquitectura de guiones

1.- Buyer persona (Características del cliente ideal al que va dirigido el producto).

2.- Temporalidad del negocio, es decir, los momentos en los que venden más o menos.

3.- Información histórica y numérica del porque no compran los clientes.

4.- El origen de donde se captaron los datos (páginas web, Face book, recomendados, etc.).

Una vez obtenida esta información, se deberá escoger el tipo de cliente al que va dirigida la llamada, así como el tipo de mercado de donde proviene (cálido, intermedio o frío).

En una línea del tiempo dividida en semanas o meses, según sea el caso en tu industria, identificarás los momentos crucialmente importantes de la venta (basados en la data el punto 2 y 3).

En todos los casos el guion debe responder a las siguientes preguntas:

- ¿Quién soy y de dónde llamo? Presentación – Nombre del vendedor, empresa.

- ¿A quién buscas y cómo obtuve sus datos? – Referencia.

- ¿Para qué le llamaste? - Objetivo de la cita y en qué le beneficia.

- ¿Cuándo nos vemos y en dónde? - Cierre.

Como en Skill Builders, primero debemos mapear el "happy path" para poder arar el camino del agente, después trazar las objeciones o escenarios que pueden surgir durante la llamada. Es importante ser concreto y preciso, no es necesario tratar de explicar todo en el teléfono o entonces ¿cuál es el objetivo de hacer una cita? (excepto si es venta telefónica).

Para la construcción del manejo de objeciones es indispensable contar con data de los motivos de no cierre, de otra forma estaremos diseñando materiales que no corresponden con la realidad del vendedor y se perderá la credibilidad de los guiones.

No puede haber cabida a objeciones poco representativas, es necesario identificar los grandes volúmenes para elaborar guiones adecuados a cada objeción. Es totalmente natural que el vendedor quiera establecer objeciones falaces por haber tenido un caso en donde lo rechazaron.

El entrenador debe ser muy claro al abordar el tema ¿cuántos casos así están registrados?, si comparamos esas objeciones con el volumen total de personas con las que se habla ¿qué tan representativo es ese porcentaje? Si es más del 10%, definitivamente debemos voltear a ver esa objeción y trabajarla a conciencia.

Una vez establecidas las objeciones que se van a trabajar, estas deben tener tres tipos de salidas (cierres). La primera, es vencer la objeción y que acepte nuestra cita. La segunda salida, es que nos diga que no comprará (el asesor deberá obtener una explicación concisa de porque no requiere el servicio) y la tercera es que exista un compromiso de evaluar la compra en otro momento. A este último, lo nombraremos las llamadas de seguimiento.

Cuando establecemos guiones para las llamadas de seguimiento, es indispensable que se retome la primera conversación. El uso adecuado de CRM o los controles manuales deberán dar la pauta para la apertura de la llamada. La estructura de este tipo de llamadas sería la siguiente:

- ¿Quién soy y de dónde llamo? Presentación – Nombre del vendedor, empresa.

- ¿A quién buscas y cómo obtuve sus datos? – Referencia.

- ¿Por qué no aceptó en la última llamada? - Seguimiento.

- ¿Para qué le llamaste? - Objetivo de la cita y en qué le beneficia.

- ¿Cuándo nos vemos y en dónde? - Cierre.

Cuando llamamos al mercado cálido o intermedio es sencillo establecer una conversación informal. En muchos casos podemos desviarnos del objetivo de la llamada. Recuerda, no debes mezclar la conversación. La venta, jamás puede quedar en medio de una plática como un tema secundario.

Necesariamente, cuando haces llamadas a estos dos mercados, debes ser claro con lo que buscas. Es importante mencionar que no significa que pierdas de vista que es un conocido cercano, sino que debes darle la importancia a tu trabajo en ventas y mantenerte enfocado.

Para el mercado frío, la primera parte del guion (¿quién eres y cómo conseguiste sus datos?) es determinante porque muchas personas desconfían de las llamadas que reciben. Indudablemente, saber que conseguiste el dato del directorio público o de una lista pública de registro, que te presentes y menciones la compañía en la que trabajas, dará certeza de que no se trata de un fraude y que eres localizable en una empresa.

En las ventas por redes sociales hay cientos de llamadas reportadas a la defensa del comprador que denuncian haber adquirido algún producto por algún medio en internet que posteriormente no localizan el establecimiento o al vendedor.

Mientras mayor sea la información que provea el asesor del contacto, la llamada se volverá más sencilla de manejar porque generará confianza. Para el mercado frío, la semblanza de la compañía, su presencia y su ubicación pueden ser definitorias antes de que el prospecto cuelgue.

Venta telefónica

Para la venta telefónica es importante que la base esté perfilada. Hacer ventas en bases frías donde el prospecto habla con un desconocido que intenta venderle por teléfono, es una hazaña digna de un campeón de ventas.

Es sumamente desgastante para un vendedor telefónico enfrentarse a un rechazo innecesario, por eso es indispensable que se obtenga base de datos calificada y se segmente la base a contactar. Mientras más acotado sea el perfil, mayor es la probabilidad de vender a la primera.

La estructura de la llamada en la venta telefónica cambia un poco comparado con el guion para hacer citas de venta, la estructura es la siguiente:

- ¿Quién soy y de dónde llamo? Presentación – Nombre del vendedor y empresa.

- ¿A quién buscas y cómo obtuve sus datos? – Referencia.

- Calificación del prospecto – Se deben hacer un par de preguntas para identificar si se trata realmente de un cliente potencial o simplemente de una persona que no califica para adquirir el producto en este momento.

-Preguntas de exploración – El vendedor deberá obtener las razones por las que el producto podría ser una buena opción para solucionar los problemas de su prospecto, también deberá indagar la fecha para iniciar la transacción.

-Oferta - Es la declaración de beneficios que obtendrá el prospecto al adquirir el producto.

-Cierre – Oferta de valor (inversión) y precio del producto.

Justo después de este paso, inician generalmente las objeciones. Recuerda que siempre se deben tener alguna de las tres salidas: Lo compro, no lo compro, lo compraré más adelante.

Módulo 6 Técnica de Venta

La técnica lo es todo. La definición de técnica es: un conjunto de procedimientos sistemáticos que dan un resultado esperado en un tiempo determinado. Un proceso solamente se puede mejorar cuando se puede medir, documentar, replicar y evaluar; de esa misma forma, la técnica de venta es un proceso medible y observable.

Existen libros de venta que van desde contenidos sencillos y generales que rayan en la obviedad, hasta algunos con conceptos abstractos, subjetivos e interpretativos que no podrían ser replicables. Algunos autores no logran distinguir entre comportamientos de la venta a las diferentes fases del proceso de compra.

Un ejemplo de comportamientos mal asociados a la técnica de ventas es "ser empático", "tener actitud". Esas cualidades, aunque parecen importantes, no son parte ni del proceso comercial ni de la técnica, simplemente son conceptos subjetivos que alguien "cree" que deben aplicarse.

Jamás he visto un empatómetro, o un actitudómetro que evalué la actitud y la empatía para saber si está bien ejecutada o no. Como mencioné al inicio de este capítulo, las acciones deben ser medibles y replicables para que se consideren parte de la técnica de venta.

Los médicos de urgencias están capacitados en como suturar una herida, tienen una técnica desarrollada a base de práctica que les permite insertar la aguja y hacer puntos separados o continuos de acuerdo con la herida que se esté tratando.

Ellos están entrenados para ejercer distintos tipos de sutura, está prohibido innovar, diseñar o cambiar el procedimiento porque pueden poner en riesgo la salud del paciente. Si sabe hacerlo, el resultado es totalmente medible y replicable, puede hacerlo una y otra vez.

La técnica no considera el estado de ánimo para ejercerse, simplemente son procedimientos para seguirse; en la venta, el riesgo es perder el cierre. La empatía puede existir, pero no define la técnica ni es parte de esta.

Algunos "gurus" de las ventas hablarán de conceptos abstractos como la mente o el cerebro reptiliano y que debes ser una especie de "psicólogo para vender". Otros, han escrito sobre los "instintos caninos del vendedor" que se despiertan en la personalidad para lograr cerrar una venta.

Algunos más, tratan de hacer pensar que un libro con un conglomerado de buenas frases te hará mejor cerrador para que "vendas o vendas", incluso, algunos te dirán que "te calles para vender" porque el talento o la actitud parece mejor que la disciplina.

El mejor camino para vender de forma exitosa es tener un proceso de venta, técnica limitada a acciones lógicas y replicables para cerrar la venta. Todo vendedor debe ser capaz de repetir una y otra vez sistemáticamente su proceso de venta y su técnica.

El problema de ejecución surge cuando el asesor no es consciente de absolutamente todos los pequeños actos que llevan a un cierre y en el mejor de los casos logra la venta sin saber exactamente la razón de porque funciona con algunos clientes y con otros no.

Existen tres modelos para vender y sobre ellos es que se construye la técnica de venta

El modelo demostrativo, en este se muestra características y beneficios del producto; el modelo impositivo, busca "convencer al cliente de que el producto es necesario" y el modelo consultivo, orientado a responder a necesidades específicas del consumidor. Dentro de cada modelo debe haber una técnica para ejecutarlo que muestre paso a paso lo que debes hacer en una entrevista de venta.

El modelo demostrativo (características y beneficios) es muy útil cuando se trata de productos en donde el cliente ha buscado el servicio o producto, y con algunas preguntas puedes encontrar exactamente el producto que está buscando. Es importante conocer a la competencia en este modelo porque podrás comparar las características de uno y otro.

No estoy diciendo que hables mal de la competencia, el punto es, que, en un modelo demostrativo, es inevitable hacer referencias para poder resaltar las cualidades y beneficios de tu producto, finalmente si no lo haces el cliente buscará información para compararte.

El modelo impositivo, también llamado de la vieja escuela, busca persuadir, manipular y sembrar en la mente del consumidor ideas para comprar el producto. Parece sacado de una película de ciencia ficción, imagínate que alguien tuviera el método de sembrar ideas y necesidades. Creo que todas las madres de familia del mundo lo utilizarías para convencer que sus hijos de que tiendan sus camas o que sus esposos laven los platos.

Este método además de ser ambicioso es definitivamente desgastante para el asesor porque tratará de imponer sus ideas sobre las de alguien más, y tendrá que usar todo tipo de recursos (herramientas, videos, números, etc.) para demostrar que el producto a vender lo necesita. Este modelo sirve para prospectos que ya están precalificados, es decir que en algún momento tuvieron la intención o interés.

Finalmente, el modelo consultivo tiene una gran historia desarrollada por el grandioso Neil Rackham. Se trata de un modelo a través de preguntas que permiten conocer al consumidor y entender sus necesidades para que eventualmente diseñes una solución personalizada. En él, se diseña una comunicación individual que responde a una necesidad real sin hablar de temas que no le interesan a tu cliente. Identificar el modelo a usar en tu empresa, facilitará el proceso de diseño de la técnica de venta.

Antes de abordar la técnica de ventas que te propondré, debes asegurarte de lo siguiente: cuanto más conoces al consumidor, tu producto y la industria, se incrementará en automático el nivel de conversación que tendrás con clientes que son compradores profesionales. Al mismo tiempo, tendrás que insistir menos en el cierre porque fuiste capaz de resolver todas las dudas técnicas durante la conversación de venta.

Otro factor para considerar en la elección del modelo de venta es si tu producto se compra una sola vez, se recompra o es vitalicio. Trazar una técnica de venta orientada a que compre, es relativamente sencillo, pero diseñar preguntas que ayuden a que el comprador esté plenamente convencido de pagar constantemente supone un reto en la ejecución de la técnica de venta.

La técnica de venta siempre debe obtenerse de las mejores prácticas de vendedores de la industria, es decir, se debe mapear lo que hacen con un pequeño Benchmark. El objetivo, es que puedas acopiar la duración de las entrevistas, el número de preguntas que hacen los vendedores, el tipo de materiales físicos que muestran, las preguntas que hace el prospecto al vendedor, las principales objeciones, las frases o palabras recurrentes, los ejemplos que utiliza y sobre todo los comportamientos del vendedor.

La entrevista de venta

Una vez elegida la técnica de venta, debemos ejecutarla en una entrevista de venta e insertar paso a paso en la conversación uno a uno. De manera general, en todas las entrevistas de venta nos presentamos, hacemos preguntas, mostramos nuestra propuesta y tratamos de cerrar. A continuación, describiré algunas ideas para mapear tu entrevista:

Presentación

Parece increíble que asigne un espacio para esta sección, en apariencia, un vendedor sabe presentarse, aunque, en mi experiencia, todo mundo necesita una guía sobre algunos comportamientos que mejorarán notablemente su desempeño en la entrevista.

La presentación lo es todo, es una afirmación elitista, arrogante e incluso dolorosa y completamente cierta. El prospecto decide a quién comprar por infinidad de situaciones que en su mayoría se pueden atribuir al vendedor.

Imagínate que estás frente a un vendedor que realmente tiene mal aliento o que llegas a un centro de ventas y las personas te ignoran por completo. Te levantas y te vas.

Algunos compradores son sumamente benévolos y perdonarán la falta de mantenimiento en las instalaciones, los errores del vendedor o del servicio, pero difícilmente elegirá una compañía si el servicio es costoso y la presentación de todo lo anterior es un asco, incluido el vendedor.

Para generar una mejor experiencia, absolutamente todos tus materiales de promoción deben estar en buen estado, es decir, tus folletos actualizados, un bolígrafo en perfecto estado que no sea un promocional de otras empresas.

De igual forma, el vendedor debe contar con una tarjeta de presentación que jamás puede salir de la cartera que estaba en su trasero. Las tarjetas deben estar en un tarjetero o utilizar las tarjetas digitales que lleven a la página personalizada del vendedor.

Las instalaciones en donde desarrolla la venta deben ser un espacio físico ventilado, limpio y con un ruido adecuado para conversar. Se deben evitar distracciones en las instalaciones, por ejemplo, la decoración debe ser acorde al sector, en algunas ocasiones el cliente observa juguetes, cuadros personales u objetos que desvían la atención de la venta con temas que no desembocarán en compra.

Nunca debes comer en tu lugar de trabajo y, si estas en un lugar público, evita una comida copiosa o de aromas que puedan incomodar a tu cliente.

Cuando el prospecto llega a las instalaciones, el vendedor debe acercarse a él llamándolo por su nombre porque aparentemente ya lo esperaba. Es terrible que a un cliente que llega a un lugar le pregunten, ¿qué se le ofrece? haciendo parecer que no tiene nada que hacer ahí.

El vendedor debe observarse aseado y con un arreglo personal adecuado, evidentemente su higiene personal es fundamental. El vendedor debe evaluar durante el día su aroma físico y bucal ya que es una de las razones más importantes para que el prospecto quiera terminar la entrevista de inmediato.

¿Cómo podemos observar que un prospecto realmente es bienvenido a la entrevista de venta? Algunos mencionarán que hay que romper el hielo y hacen preguntas completamente fuera de tema. Cuando menos lo esperan, se terminó el tiempo con el prospecto, tiene que marcharse, entonces el vendedor se apresura y trata, ingenuamente de vender en menor tiempo, lo que normalmente termina en: "lo reviso y luego te busco".

Aquí van algunos ejemplos para hacer visible y replicable la bienvenida:

Sonríe, preferentemente mostrando los dientes superiores frontales.

Saludo de mano (evita el saludo de beso salvo que el prospecto pertenezca a tu mercado cálido) muchos clientes pueden sentirse incómodos al romper su espacio vital.

Ponerse de pie y ofrece un lugar para sentarse. En algunos lugares se acostumbra a ofrecer alguna bebida o un café.

Preséntate con tu nombre, menciona quién eres y el cargo dentro de la organización, así como la actividad que realizarás con él, por ejemplo: "te mostraré nuestro modelo financiero"; "te daré un recorrido por nuestra planta", "te daré la asesoría para la compra de un departamento", etc.

Reflexiona y anota, en tu compañía: ¿cómo podría darme cuenta de que soy bienvenido?

Averiguar la necesidad

Estas breves líneas son el oro molido de años de investigación y práctica en el desarrollo de ventas. No soy pionero, de hecho, se han escrito ensayo y libros en todo el mundo sobre la importancia de preguntar en las ventas.

La tradición de hacer preguntas para conocer mejor a los demás se remonta a la antigua Grecia en donde Sócrates, a través de cuestionamientos, estaba en búsqueda de la verdad. El mencionaba que es mejor mantener una mayéutica para entender al otro que usar la retórica para convencerlo de algo. En otras palabras, preguntar antes de afirmar.

En las ventas no es distinto, se ha probado que en una entrevista de ventas se incrementa la conversión a pago del producto y se reducen las objeciones si aplicas un mayor número de preguntas. Los mejores vendedores del mundo hacen más de 25 preguntas antes de llegar al cierre.

Para diseñar tu batería considera tres categorías: calificación del prospecto, motores de compra (porqué quiere el producto) y de cierre.

La calificación del prospecto te mostrará si el futuro cliente puede pagar, la fecha para adquirir el producto y la persona que tomará la decisión. Estas preguntas básicas adelantan el 90% de las objeciones que frenan el cierre.

Un prospecto que no puede pagar dirá que lo pensará, aunque, en realidad está haciendo cuentas para evaluar si puede pagar o no, así que si no encuentra alguna forma de obtener dinero (financiamientos, crédito, familia, etc.) regateará y esperará un beneficio mayor al que puedes dar.

Lo interesante es que, si está dentro de los rangos de descuento, se convierte en un potencial consumidor y podrás saberlo desde los primeros minutos de la entrevista.

Otra pregunta de calificación es: ¿cuándo desea iniciar? Esto evitará que el vendedor se sienta desesperado porque no le llama y sabrá que, cuando exista alguna campaña de precio, podrá tratar de recorrer su decisión para que compre más rápido. Si definitivamente no quiere arrancar antes por algún proyecto personal, el precio pasa a segundo término y el vendedor dejará de engañarse como una posible promesa de pago.

Preguntar si la persona a la que le harás la demostración de ventas es la tomadora de decisión, te permitirá anticipar objeciones y definir estrategias de cierre. Cientos de veces, los prospectos mencionan que lo consultarán (o pedirá permiso) a sus parejas. La realidad es que ellos no toman la decisión solos o incluso no pueden tomarla.

De antemano sabrás que la venta tendrá dos etapas, la de enamorar al que quiere el producto y de persuadir a quién lo pagará. Las preguntas y objeciones son totalmente distintas para ambos perfiles.

Las preguntas de motores de compra son abiertas, el prospecto podrá explicar ampliamente las razones que lo han llevado a preguntarse si el producto es necesario o realmente quiere adquirirlo.

Evidentemente, es muy distinta una entrevista en donde el cliente no sabe nada del producto, a una en donde está evaluando y comparando productos, o una entrevista en donde realmente va a negociar el precio y condiciones para comprar.

Otras preguntas de motores de compra, sea cual sea el nivel de conocimiento del cliente sobre el producto, deberán estar dirigidas a saber: ¿cómo impacta el producto en su vida?, ¿qué tipo de beneficios aportaría comprar el producto?, ¿qué sucedería si no lo compras?

Todas ellas deberán arrojar las razones íntimas del consumidor para comprar el producto. Aquí es donde algunos autores hablan de la emocionalidad de la venta, del motor emocional que empuja a que compre.

Definitivamente, la pregunta más importante, y que a muchos asesores les cuentas trabajo en el cierre de la venta es: ¿Iniciamos? Las preguntas de cierre serán agresivas únicamente si el asesor no ha construido la confianza suficiente con el prospecto para incentivar la compra y cuestionar: ¿qué tiene que suceder para que inicies?, ¿cuánto tiempo más vas a esperar?, ¿qué te está frenando para iniciar?

Algunos asesores usan otro tipo de preguntas que sirven para saber lo que espera el consumidor del producto. La respuesta permite identificar si está evaluando otros productos similares y qué es lo que busca en ellos para tomar la decisión de compra.

Saber preguntar es un arte, no basta tener una batería de preguntas memorizadas, es indispensable que se articulen dentro de una conversación para que no parezca una encuesta. Por otro lado, la técnica de aplicación de preguntas también juega un papel importantísimo al momento de acopiar información.

A continuación, algunas recomendaciones para mejorar la averiguación de necesidades:

1.- Una pregunta a la vez – El vendedor siempre debe esperar a que responda el cliente antes de hacer otro cuestionamiento. Si se hacen demasiadas preguntas al mismo tiempo, el prospecto se confunde y normalmente responde sólo a una de ellas.

2-. Escucha. Uno de los errores más comunes en las entrevistas, es que el asesor responde por el cliente. Se apresura a hacer múltiples preguntas y trata de complementar las respuestas perdiendo de vista que el centro de atención está en el cliente, no es el vendedor.

Algunos inocentemente, piensan que hablando más y demostrando que son los mejores, lo convencerán. De ese tipo de asesores, ha surgido la frase: "marear al cliente".

Literalmente el prospecto acaba desconcertado con tanta información, abrumado, no queda más remedio que decir: lo pensaré (es demasiado). La forma de medir si el asesor habla de más, es sumamente sencilla: ¿el vendedor se calla después de hacer una pregunta y permite que el cliente hable sin interrupción?

3.-Un tema a la vez. Cuando se aborda un tema se debe concluirlo antes de brincar a otro. Por ejemplo, si se está hablando de su familia, no debe pasar de pronto a preguntas de presupuesto o de fecha de compra. Muchos asesores al momento de entrevistar parece que están encuestando al prospecto haciendo todo tipo de preguntas sin articularlas como parte de una conversación, el cliente se siente incómodo y comienza a perder la atención en la entrevista.

4.- Evita suposiciones. Hay prospectos que aparentan que no podrán comprar los servicios. A veces, sorprenden a sus asesores cuando elijen comprar más de un producto. Suponer que un producto es caro sólo porque a ti (vendedor) te parece costoso, es desestimar que el prospecto puede tener mayor capacidad económica que tú.

Pensar que por la ropa que viste, la forma de hablar o el auto que tiene es un factor de compra definitivamente es de un asesor novato. Los profesionales harán todo tipo de preguntas para estar seguros de que el futuro cliente cuenta con las características para hacer la compra. En muchas ocasiones, el prospecto no estará listo emocionalmente, se sentirá inseguro, el asesor lo acompañará y finalmente cerrará el negocio.

5.- No objetar. Es sumamente común que, ante la respuesta del prospecto, el vendedor sea el primero en objetar tratando de convencer o persuadir con argumentos de que el prospecto puede estar equivocado, eso es un terrible error.

El vendedor debe preguntar una y otra vez hasta poder identificar exactamente lo que está tratando de decir el cliente y, sobre todo, hacerlo consciente de que los argumentos que está utilizando quizás no corresponden con la realidad. Por ejemplo: "Es demasiado caro", ¿en comparación con qué?, "el tamaño es muy grande", ¿cuánto es el espacio que requieres?, "prefiero otro color", ¿qué color buscas? Antes de reaccionar, se debe preguntar.

6.- Identifica los drivers de compra y factores de knock out. A través de las preguntas se debe identificar ¿por qué sí compraría contigo? (drivers) y ¿por qué en automático, dejarías de ser una opción? (factores de knock out).

Si bien el precio es una variable importante, no lo es todo, por ejemplo: la distancia de la universidad, la duración del pago de la hipoteca, la vigencia de la póliza de garantía o los hospitales a los que tendrás acceso; estos son algunos de los elementos por los que un prospecto puede considerarte una opción viable o definitivamente te descartará sin importar el precio. Hacer preguntas permitirá anticiparse a las objeciones.

Demostración

Durante la demostración del producto, es importante que toda la conversación se centre en lo que el cliente espera escuchar. Infinidad de veces he sentido que pierdo el tiempo mientras me explican algo que realmente no me interesa, aun cuando mencioné mis expectativas claras sobre lo que espero en la entrevista de venta. En la demostración se debe ser conciso y claro con una estructura que permita ir haciendo algunas pausas para validar que el prospecto está comprendiendo todo.

Hace muchos años, el modelo tradicional de venta demostrativo se centraba en describir características como "la capacidad de almacenamiento", el "asiento reclinable", etc. Esto se traducía en un beneficio, por ejemplo, gracias a su capacidad de almacenamiento usted podrá tener más gasolina y así recorrer largas distancia sin necesidad de detenerse a cargar combustible; el asiento reclinable le permitirá viajar cómodo además de que ayuda a su columna vertebral a reducir la tensión de estar largas horas al volante.

Este modelo murió hace años, a muchos prospectos no les interesaban esos argumentos, por lo tanto, el vendedor estaba perdiendo su tiempo.

Imaginemos que María, una mujer de 60 años, buscaba un teléfono para tomar fotografías con sus amigas y no sabía nada de tecnología. Sólo quería algo sencillo, fácil de utilizar, su color favorito es el rojo. Acude a un centro comercial a comprar un teléfono, cuando llega al mostrador, el vendedor le describe la capacidad de almacenamiento, las aplicaciones incluidas y póliza de garantía, mientras ella observa el teléfono dice: "gracias, regreso en otro momento".

El vendedor se pregunta ¿qué sucedió? Simple, María no entendía nada. El vendedor habló de algo que no le interesaba a María. Nunca la escuchó.

En la demostración es el momento de usar la información obtenida en la exploración para poder cubrir la expectativa del cliente sobre nuestro producto contra la realidad. Por ejemplo, él espera que el tiempo de entrega del equipo industrial sea en 1 mes; el tiempo de entrega son 15 días.

En automático, generarás una mayor probabilidad de compra sólo por el simple hecho de usar el driver para cerrar de tiempo de entrega.

Demostrar, es dar una muestra del producto en la vida real. No es de sorprender que la industria automotriz, hipotecaría, la de cosméticos y alimentos, centren su proceso de venta en dar una dosis del producto para que el consumidor pueda palparlo y disfrutarlo al menos por unos segundos.

Los asesores expertos son capaces de hacer visualizaciones con sus clientes. Un claro ejemplo son los vendedores de casas, ellos pueden dirigir a sus prospectos en una casa vacía para imaginar sus muebles en la sala, la forma en que sobre el jardín soleado podrán disfrutar de una tarde de comida y, describirán el descanso reparador por la ausencia del ruido en la habitación gracias a los cristales anti ruido.

Estas visualizaciones, crean toda una experiencia de compra que sólo tiene sentido si hay una historia que contar: la casa vacía es la escenografía, los clientes eran los actores y el futuro la historia.

En los intangibles, hacer preguntas es vital para identificar los temores y aspiraciones para transformarlos en conceptos como certeza (algo que va a suceder, aun cuando no esté el prospecto), la trascendencia (un legado con un mensaje que no borrará el tiempo), amor/placer (la sensación de satisfacer a alguien) o disminuir el temor (miedo a la pérdida de algo).

Todos estos productos no pueden mostrarse, la demostración de basa normalmente en historias (amor/placer), testimonios(trascendencia), números que muestran que la promesa se cumple (certeza), el contrato (disminuir el temor al firmar un tangible).

En la venta, antes de terminar la demostración, se debe validar si el prospecto tiene dudas. Es importante que no continúe al cierre si no ha quedado claro el funcionamiento del producto.

Es muy complejo trabajar con un cierre de venta que se centra en la negociación de precio y además con la inseguridad por parte del prospecto sobre el funcionamiento del producto. Así que, la pregunta llave para pasar al cierre es: "antes de continuar con la inversión, ¿tienes alguna duda sobre lo que hemos conversado?".

Módulo 7 Técnica de cierre

Aunque parece que el cierre es el capítulo más importante para todo vendedor, la realidad es que el trabajo fuerte ya se realizó en los primeros pasos. Si tu prospecto no está calificado, no se perfiló bien en la exploración, o aún hay dudas en el producto, el cierre será complejo porque es la consecuencia de todo el proceso de venta. Si todo está perfectamente validado y ejecutado, podemos avanzar a la técnica de cierre.

La técnica de cierre se divide en dos: presentación del precio y manejo de objeciones.

La presentación del precio

La primera venta que debe hacer el vendedor es a él mismo. Si no está convencido del producto, debe cambiarse de trabajo. Es sumamente complejo hacer que un vendedor hable bien de un servicio con el que no está convencido plenamente de que es la mejor opción del mercado y que él mismo compraría. La primera barrera que debe vencerse es la propia confianza sobre lo que se vende. Algunos de los errores más comunes a intentar cerrar una venta son:

Temor de presentar el precio: Muchos vendedores restan energía a la presentación de la cotización, incluso sienten vergüenza como si estuviéramos estafando al prospecto. Bajo ningún concepto debe abaratarse presentando sin sentido un descuento que no pidió el prospecto.

Justificar el precio: Una vez que se presenta la cotización el vendedor debe guardar silencio, callarse y permanecer quieto. Se debe dar un pequeño espacio para que el prospecto reflexione sobre lo que pagará, el hará cálculos mentales, hará un comparativo con otros productos, pensará en la forma en que lo explicará a su esposa y seguramente si hay otros ajustes económicos que deba hacer.

Es importante que no se trate de justificar la inversión, se debe dar la oportunidad de elegir si quiere el producto y si no se ajusta, entonces se debe pedir una explicación de lo que tiene que pensar para elegir la compra.

Preguntar equivocadamente: Los vendedores más novatos le preguntan al cliente ¿cómo ves?, ¿qué te parece? o peor aún, ¿quieres pensarlo? En automático muere la probabilidad de venta porque se da pie a objeciones que no existían y que nacieron prácticamente por preguntar: ¿tienes alguna objeción?

Guardar silencio y dejar que el prospecto exponga exactamente lo que piensa en la clave para empezar a cerrar. Si no hay objeción, entonces pregunta la forma de pago y listo, comienzas la papelería de venta y dirígete a la caja a pagar.

Una vez que presentaste el precio, los prospectos seguramente iniciarán con las objeciones sobre la inversión. Debe indagarse exactamente ¿cuánto sí puede pagar? Si está fuera del rango a ofertar deben agotarse las posibilidades de pago o de lo contrario debe descartarse y pedir recomendados.

El cierre por precio es cien por cierto numérico, debe estar sumamente practicado para poder calcular inversión total, inversión mensual, proyección de precio a futuro, inversión general, tasa de retorno (si aplica), reducción de gasto, comparativo con otros productos, comportamiento histórico, valores a futuro, etc.

El asesor debe tener a la mano calculadora y papel para poder hacer algunos ejercicios si es que se requiere, o llevar simulaciones con los escenarios más comunes.

Algunas empresas como los tiempos compartidos utilizan a dos tipos de asesores en el cierre: los que ofrecen el primer precio y los que llegan con un descuento mucho más agresivo. Esta táctica funciona si el doble cerrador tiene toda la información de la exploración. Es sumamente efectivo este método si se ejecuta con clientes perfilados, de lo contrario, el prospecto se enojará y se marchará por sentirse acosado en la venta.

Bajo ningún concepto, el asesor puede ser tibio, temeroso o cobarde, para cerrar una venta. El cierre siempre se pide. Preguntarle su opinión después de mostrar el precio, es igual a pedirle disculpas, tristemente algunos vendedores piensan que mostrar el valor del producto equivale a quitarle algo al prospecto o incluso subestimar su capacidad de pago.

Algunos piensan que el cliente se ira corriendo o les da terror creer que al ver el precio no tendrá oportunidad de venderle y, ahí está el error. Cuando su voluntad (la del prospecto) se vence al mirar el precio y desiste, es cuando el super héroe vendedor llega para ofrecerle una alternativa (si es que existe) de descuento o planes de pago con beneficios adicionales.

Si el cliente no puede pagar aun agotando todas las posibilidades y alternativas que le ofrece el vendedor, la venta no cambiará su curso, es mejor terminar la entrevista.

Manejo de objeciones

Absolutamente siempre cierras. En todos los procesos de venta terminarás con alguna de las siguientes afirmaciones: ¡Si quiero comprar!, ¡empezaré, pero no ahora!, ¡no compraré! Las objeciones son señales de que cerrarás el proceso o lo descartarás.

Las reglas de oro del cierre de la venta son dos: si va a decir que no, que lo haga lo más rápido posible y la segunda es, que lo diga cara a cara porque después no responderá las llamadas. Esa es la razón por la que tenemos que ser tan agresivos en presentar los números del precio y sin ningún temor, comunicarle lo que vale el producto.

Cerrar es encerrar, siempre debes tener claro que existen cuatro tipos de objeciones: precio, calidad, fecha para empezar y tomador de decisiones. Para identificarlas, es importante plantear las siguientes preguntas: ¿está dentro de su presupuesto?, ¿considera que el producto y el servicio son de calidad?, ¿cuándo empezará?, ¿de quién depende la decisión?

Si el cliente quiere frenar la compra, debemos saber si se debe a que el precio no es el correcto, el tiempo para empezar no es el planeado, el producto es de mala calidad o no depende de él la decisión. La salida más fácil para un prospecto es delegar la decisión en alguien más para deslindarse de responderle al vendedor y así ganar tiempo.

A veces, es difícil afrontar que nuestro producto comparado con otros puede parecer demasiado costoso o es de baja calidad. A los ojos del prospecto, si no compra tu producto es porque no cumple sus expectativas, por eso la exploración es tan relevante.

Tipos de objeciones y las preguntas por hacer

1.- Precio: ¿Indaga cuánto dinero si puede pagar?, ¿qué otros mecanismos pueden usar para pagar? (tarjetas de crédito, préstamos, abonos, etc.), ¿sacrificarías la calidad de un producto por el precio?

2.- Calidad del producto – ¿con quién se está comparando?, ¿qué busca en el producto ideal?, ¿qué fue lo que no le gustó?

3.- No es momento de comprar – ¿cuánto tiempo postergará la decisión?, ¿qué espera que suceda si no lo hace?, ¿qué dejará de ganar o que perderá si no lo hace?

4.- No depende de él la decisión - ¿de quién si depende?, ¿cuándo podemos conversar con el tomador de decisiones?, ¿qué tendría que presentar para que decida iniciar?

Cuando la objeción a la que respondió es el precio, puedes utilizar también los siguientes argumentos que ayuden a centrar en soluciones la objeción:

El cliente respondió: "Está muy caro"

- Imagina que vas a comprar un celular ¿qué pensarías si es demasiado barato? El 99% de las personas asumirán que un producto demasiado barato es de baja calidad. Entonces ¿qué pensarías si lo que te ofrezco es demasiado barato?

- Tienes razón, incluso hay productos gratuitos. Por ejemplo, cuando contratas un seguro de gastos médicos, parece costoso, pero sólo hasta que has esperado en un hospital público horas para ser atendido, el servicio es de baja calidad y los tratamientos no siempre están disponibles. Cuando lo que dejaste de pagar te parece poco porque necesitas el servicio, desafortunadamente es tarde.

- Claro, parece costoso el servicio funerario cuando podrías estar en una fosa común.

- Si la educación en una escuela privada te parece costosa, imagina el costo de no estudiar.

- Cuando pensamos en un auto de lujo parece que es costoso, pero te has puesto a pensar en el nivel de seguridad que ofrece un auto que ha pasado por los estándares más altos de calidad.

- ¿Te operarías con un cirujano que obtuvo 6 de calificación en una clínica de bajo presupuesto?, ¿si tuvieras que operarte y pudieras elegir el hospital, lo harías en el de menor precio?

- Cuando venías a la sucursal, ¿cuánto tenías pensado invertir? y ahora que conoces nuestro servicio e instalaciones ¿crees que es justa la relación precio con el producto?

- ¿Cuánto vale la felicidad de tu familia?

- Si puedo demostrarte que ahorrarán dinero en la solución tecnológica, ¿podemos firmar el contrato?

- ¿Que te preocupa, la inversión o la calidad del producto?

- ¿Qué es lo que te preocupa de comprometerte a invertir con nosotros?

- ¿Quiénes de tu familia (socios) se arrepentirían de que tomes la decisión?

- ¿Invertir con nosotros te parece una decisión equivocada?

Cuando el prospecto dice si, acepto, el vendedor se emociona, lo felicita, da un abrazo e incluso algunas empresas aplauden, tocan la campana, celebran con champagne tratando de hacer memorable el momento, buscando que el prospecto se relaje de estrés del cierre y sienta la aprobación de la compra por parte de su entorno.

Es muy común que cuando el cierre estuvo muy forzado o comprometieron al prospecto a hacer la compra por urgencia, posteriormente sienta culpa. Todos los días podemos observar compradores arrepentidos que cuando llegan a casa son cuestionados y orillados a acudir al día siguiente a solicitar la cancelación del producto.

El vendedor comisiona por la venta pagada completa, por lo que deberá asegurarse que el cliente comprende el periodo de reclamación que todas las empresas prevén, antes de que los clientes que desistieron del contrato pidan su devolución.

Créeme, a veces es mejor que el prospecto diga que no es el momento y que aplacemos el cierre un par de días hasta que su entorno lo apoye en la compra. Imagínate el tiempo que invertirás hablando con su esposa, tratando de explicar que existe un cargo de cancelación, o con su marido, leyéndole el contrato en donde se especifica que no hay devolución. El tiempo y el desgate emocional en una cancelación, pueden evitarse si se ejecuta el cierre entendiendo las necesidades del prospecto.

Cuando el cliente definitivamente no quiere comprar por razones que son irrefutables (como el precio, la modalidad, el color, o especificaciones que espera del producto) el vendedor debe ser capaz de obtener también un "no" por respuesta, de otra forma, confundirá una objeción que aplaza el cierre con una negativa de compra. El asesor tiene que ser realista en todo momento.

Una tasa de cierre aceptable es 50% de entrevista a venta. Si un cliente que llega a ti no compra en el momento de la venta uno a uno, la tasa de cierre disminuirá drásticamente. Lo increíble es que, el que no vuelve a llamar jamás es el asesor.

Se ha demostrado que sólo el 11% de los vendedores llama después de que dijo que lo pensaría durante la entrevista, y sólo el 3% de los vendedores realiza llamadas de seguimiento en la fecha y horario que el cliente solicitó. De tal forma que, la razón por la que no se cierran ventas posteriores a las entrevistas es porque no hay seguimiento por parte del vendedor.

El gerente de ventas deberá estar siempre pendiente de los prospectos no cerrados para cuestionar al vendedor, nombre por nombre sobre el avance para realizar el proceso de pago. Si durante las interacciones se descubre que el cliente irrefutablemente dice que no, en automático el dato se vuelve estéril e inservible.

El cierre de la venta, el inicio de los clientes

Algunos vendedores piensan que al terminar de cobrar el servicio que se contrató el trabajo ha terminado. En algunos casos, incluso piensan que el resto del trabajo post venta depende de otras áreas de la compañía, sin embargo, justo cuando parece que termina la relación prospecto - vendedor, es cuando debe iniciar vendedor - cliente.

Un cliente es un comprador que repetidamente busca adquirir nuevos productos contigo. En muchas ocasiones, la compra sucede a lo largo del tiempo. Cuando un cliente se siente satisfecho, recomendará cada que alguien busque los productos que ofreces y al mismo tiempo se vuelve un candidato para cerrar nuevas ventas.

Por ejemplo, en el sector asegurador se dice que un cliente debe tener al menos 7 seguros; en el sector automotriz puede hacer cambio de auto cada año; en el sector de instrumentos de cocina hay infinidad de artículos que complementan la compra inicial.

Los vendedores que empiezan a generar cartera de clientes son muy valorados en cualquier industria, porque la tarea de generar confianza y lealtad ya la hizo el vendedor. Los asesores con más de 50 clientes deberán pensar en contratar un asistente que les ayude a gestionar los trámites administrativos como recordatorios de pago, facturas, etc. Al mismo tiempo, generar llamadas de calidez (cumpleaños, navidad, envío de promociones) así como servicio de post venta.

Deberá tener un documento en donde contenga la historia de cada uno de sus clientes y los productos que han comprado a lo largo del tiempo, así como los referidos que han proporcionado. La cuantificación monetaria de la cartera es indispensable para poder saber de cuánto es la utilidad que generaría si se cediera a otro vendedor.

Las carteras en algunos negocios se heredan a familiares, es indispensable que se genere el balance financiero para saber que tan costoso versus retorno de inversión es tener una cartera con un administrador.

Comentarios finales

Durante el proceso de construcción de esta obra pude observar que realmente hay una necesidad abrumadora de desarrollar talento por parte de las organizaciones. Al mismo tiempo encontré que hay jóvenes talentosos, estudiantes ávidos de aprender para ser los mejores en sus carreras profesionales.

No podemos subestimar a las nuevas generaciones por aparentar poca concentración, falta de compromiso, falta de motivación o indecisión. Absolutamente en todas las épocas de la humanidad han existido los estudiantes con una feroz voluntad, disciplina inquebrantable, concentración, determinación y una absoluta confianza hacia sus entrenadores.

Ellos, los nuevos talentos, cuentan con nosotros, saben que los negocios son feroces, que el mundo es implacable, los competidores mordaces y sólo hay un oasis, su entrenador, es él en quien confían para hacer exitosas sus profesiones en medio de tanto charlatán.

Los que estamos al frente de cualquier grupo de personas en desarrollo, tenemos la obligación de ser los mejores entrenadores para ellos, debemos estar listos para recibir las nuevas generaciones y entender qué, aunque la brecha generacional nos distancia, siempre nos unirá un fin mayor, su desarrollo.

Los profesionales nunca improvisamos, entrenamos.

Bibliografía

1. Abagnale, Frank. Catch Me If You Can: The True Story of a Real Fake. Crown, 2000.

2. Belfort, Jordan. Catching the Wolf of Wall Street: More Incredible True Stories of Fortunes, Schemes, Parties, and Prison. Bantam Books, 2009.

3. Carreyrou, John. Bad Blood: Secrets and Lies in a Silicon Valley Startup. Knopf, 2018.

4. Cates, Bill. Beyond Referrals: How to Use the Perpetual Revenue System to Convert Referrals into High-Value Clients. McGraw-Hill Education, 2013.

5. Crichton, Robert. The Great Impostor: The Amazing Career of Ferdinand Waldo Demara, who Posed as a Surgeon, a Prison Warden, a Doctor of Philosophy, A Trappist Monk and Many, Many Others. Sarah Crichton Books, 2016.

6. Girard, Joe y Brown, Stanley. Cómo vender cualquier cosa. México, 1982.

7. Hernández, Gonzalo. La estafa piramidal de Carlo Ponzi: La historia y su esquema. Kindle, 2020.

8. Klaric, Jürgen. Véndele a la mente, no a la gente. Santillana Ediciones Generales, 2015.

9. Kotler, Philip. Marketing. Pearson Education, 2016.

10. Rodríguez, Gerardo. Eres un cabrón de las ventas. Multilibros, 2019. México.

11. Ryski, Mark. Conversion: The Last Great Retail Metric. Authorhouse, 2011.

12. Singer, Blair. Vendedores perros. Editorial Norma, 2005.

13. Stanislavski, Konstantin. La construcción del personaje. Alianza Editorial, 1975. Madrid.

14. Tracy, Brian. The Psychology of Selling: Increase Your Sales Faster and Easier Than You Ever Thought Possible. Thomas Nelson, 2004.

Artículos y referencias en línea:

1. "Elizabeth Holmes: auge y caída de la mujer que estafó a Silicon Valley". National Geographic, [en línea]. Disponible en: https://www.nationalgeographic.com.es/cienc ia/elizabeth-holmes-auge-y-caida-mujer-que-estafo-a-silicon-valley_20404

2. "La historia de Frank Abagnale, el estafador que fue contratado por el FBI por ser un as de las estafas". La Nación, 22 sep. 2022, [en línea]. Disponible en: https://www.lanacion.com.ar/lifestyle/la-historia-de-frank-abagnale-el-estafador-que-fue-contratado-por-el-fbi-por-ser-un-as-de-las-nid22092022/

3. "Las mayores estafas de la historia". Expansión, 1 jun. 2023, [en línea]. Disponible en: https://www.expansion.com/directivos/album/ 2023/06/01/6446e29de5fdeab11f8b45ae_1.html

4. "Charles Ponzi: el gran timador de América". *National Geographic Historia*, [en línea]. Disponible en: https://historia.nationalgeographic.com.es/a/charles-ponzi-gran-estafa-americana_16669

Videos y recursos multimedia:

1. *Alfredo Kraus habla de técnica vocal - Imperdible.* YouTube, [en línea]. Disponible en: https://youtu.be/fXpkGrlGJvo?si=Alhji-JPjCCCjPy8

2. *Entrevista a Teresa Berganza - Conversaciones de la fundación.* YouTube, [en línea]. Disponible en: https://youtu.be/fkgq7Vu7DAl?si=k4tv-9W31qT60xAU

3. *Entrevista con Iván Bautista: "La motivación en el deporte olímpico de clavados".* YouTube, [en línea]. Disponible en: https://youtu.be/qmsDsWL_4d0?si=fmzXBK2n6dcCdrZm

4. *El inicio de la carrera de Iván Bautista.* YouTube, [en línea]. Disponible en: https://youtu.be/3IXMT2Nlk2Y?si=-qsjz_JwD2hqCoJo

5. Jarid Kru Tui (@JaridKruTui). *Personality Trainer.*

6. Sanggar Pradnya Swari (@sanggarpradnyaswari). [en línea]. Disponible en: https://linktr.ee/pradnyaswari5758

www.ingramcontent.com/pod-product-compliance
Lightning Source LLC
Chambersburg PA
CBHW071448220526
45472CB00003B/712